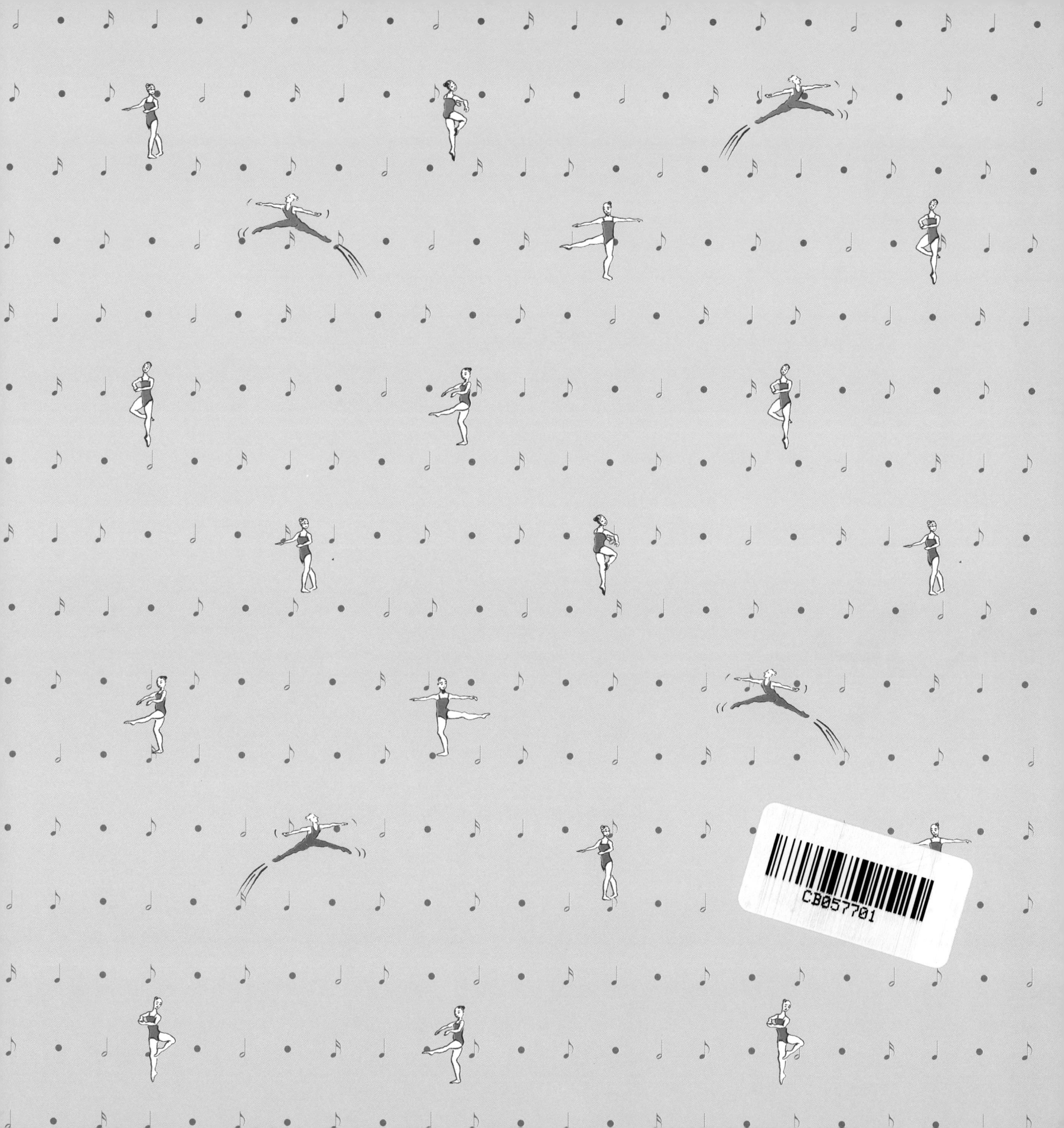

BALÉ

UMA INTRODUÇÃO PARA CRIANÇAS

BALÉ

UMA INTRODUÇÃO PARA CRIANÇAS

HISTÓRIAS, MÚSICAS E A MAGIA DA DANÇA CLÁSSICA

Laura Lee

Ilustrações

Meredith Hamilton

Tradução

Luciano Vieira Machado e Adriana Schwartz

Consultoria

Fernanda Bianchini

bailarina e fisioterapeuta

3ª impressão

Texto © Black Dog & Leventhal Publishers, Inc.
Ilustrações © Meredith Hamilton

Esta edição foi publicada com a autorização da
Black Dog & Leventhal Publishers, Inc.
Todos os direitos reservados.

Diretor editorial
Marcelo Duarte

Diretora comercial
Patty Pachas

Diretora de projetos especiais
Tatiana Fulas

Coordenadora editorial
Vanessa Sayuri Sawada

Assistentes editoriais
Juliana Silva
Mayara dos Santos Freitas

Assistente de arte
Carolina Ferreira

Diagramação
Divina Rocha Corte
Natália L. B. Ferrari

Preparação
Alessandra Miranda de Sá

Revisão
Vivian Miwa Matsushita
Ana Maria Barbosa

Colaboração
Andréa Antonacci

Imagens
Getty Images
AP Images

Impressão
Orgrafic

CIP – BRASIL. CATALOGAÇÃO NA FONTE
SINDICATO NACIONAL DOS EDITORES DE LIVROS, RJ

Lee, Laura
 Balé: uma introdução para crianças/ Laura Lee; ilustrações Meredith Hamilton; tradução Luciano Vieira Machado e Adriana Schwartz. – 1.ed. – São Paulo: Panda Books, 2012. 96 pp. il. (Uma introdução para crianças)

Tradução de: A child's introduction to ballet: the stories, music and magic of classical dance
ISBN: 978-85-7888-140-5

1. Balé – Ficção infantojuvenil. 2. Balé (Dança) – Ficção infantojuvenil. 3. Balés – Histórias, enredos, etc. – Ficção infantojuvenil. I. Hamilton, Meredith. II. Machado, Luciano Vieira, 1950-. III. Schwartz, Adriana. IV. Título. V. Série.

11-3014   CDD: 792.8
     CDU: 792.8

2015
Todos os direitos reservados à Panda Books.
Um selo da Editora Original Ltda.
Rua Henrique Schaumann, 286, cj. 41
05413-010 – São Paulo – SP
Tel./Fax: (11) 3088-8444
edoriginal@pandabooks.com.br
www.pandabooks.com.br
Visite nosso Facebook, Instagram e Twitter.

Nenhuma parte desta publicação poderá ser reproduzida por qualquer meio ou forma sem a prévia autorização da Editora Original Ltda. A violação dos direitos autorais é crime estabelecido na Lei nº 9.610/98 e punido pelo artigo 184 do Código Penal.

Para Laura Ann e Laila, que sempre foram melhores bailarinas do que eu.

MHH

AGRADECIMENTOS

No balé, todos recebem os aplausos. Já nos livros, somente um nome ou dois aparecem na capa. Não é muito justo. Como meu pai costumava dizer: "Quando você vê uma tartaruga em cima de uma cerca, sabe que ela não chegou lá sozinha". Por favor, uma salva de palmas para minha destemida editora Laura Ross; Meredith Hamilton, responsável pelas lindas ilustrações; a *designer* Sheila Hart; a editora J. P. Leventhal; o diretor de produção True Sims; e a revisora Iris Bass, pois todos trabalharam juntos para me fazer parecer muito mais esperta do que eu realmente sou.

Acima de tudo, gostaria de agradecer a Valery Lantratov, diretora artística da Fundação do Balé Nacional Russo, por sua ajuda e orientação em tudo relacionado ao balé, além da amizade e apoio.

Sumário

Bem-vindo ao mundo mágico do balé! 9

La fille mal gardée 16

La sylphide 20

Giselle 24

Copélia 28

Lá vêm os russos! 32

Dom Quixote 34

O lago dos cisnes 36

A bela adormecida 42

O quebra-nozes 46

Balé para viagem 49

A morte do cisne 50

O pássaro de fogo 52

Petruska 55

A sagração da primavera 58

Pedro e o lobo 60

Romeu e Julieta 62

Da Rússia para a América 66

Rodeo 69

Fancy free 70

Circus polka 72

Cinderela 74

Dáfnis e Cloé 78

O cavalinho corcunda 81

Sonho de uma noite de verão 84

Elenco de estrelas do balé 86

Sapatilhas verde-amarelas 90

Aquele brilho especial 92

Glossário 94

Lista de músicas do CD 95

A autora e a ilustradora 96

na ponta dos pés

Bem-vindo ao mundo mágico do balé!

Na primeira vez que você assiste a um balé, ele pode parecer um pouco estranho. Mulheres deslizam na ponta dos pés, as saias empinadas ao redor da cintura como pétalas de margaridas, homens e mulheres usam meia-calça. Ninguém fala. Eles contam uma história inteira com movimentos, além de saltar e girar como se pudessem levantar voo! Que estranho! E, mesmo assim, tudo é elegante e bonito. Essa é a magia do balé.

Neste livro você descobrirá como surgiu o balé e a que altura os bailarinos conseguem saltar. Como eles conseguem girar tantas vezes sem ficar tontos e o que eles têm em comum com pombos, cisnes e patos. Você conhecerá vários dos mais famosos e importantes bailarinos e coreógrafos (as pessoas que criam as danças). Aprenderá até mesmo alguns passos de balé que poderá executar.

E o melhor de tudo: lerá histórias dos maiores balés do mundo!

Em breve, você será um *expert* em balé.

Se você já fez uma aula de balé, deve ter notado que muitos dos nomes dos movimentos estão em francês. Se você nunca fez, não se preocupe. Nós citaremos algumas palavras usadas no balé, como *plié* [pliê] e *jeté* [jetê]. Um dos poucos termos que não vêm do francês é a própria palavra balé. Ela deriva da palavra italiana *ballare*, que significa simplesmente "dançar".

Os balés mais antigos não se pareciam em nada com os que vemos nos palcos atualmente. Não havia sapatilhas de ponta nem o *tutu* [titi], figurino com saias armadas de tule, nem qualquer um dos passos ou posições básicas ensinados hoje em dia. Aliás, antigamente, as mulheres eram proibidas de dançar balé! Eram os homens, vestidos de mulher, que faziam os papéis femininos.

Passaram-se trezentos anos até que o balé começasse a tomar uma forma parecida com o balé que conhecemos hoje em dia.

Sou a Natasha. Quando eu aparecer, você saberá que existe algum fato interessante a ser aprendido. Algumas vezes, também vou contar coisas surpreendentes sobre a história ou o criador de um balé.

Itália, século XV

O balé foi inventado na Itália, mas foi na França que ele se tornou o que é hoje. O primeiro balé de todos talvez tenha sido criado em 1459, para um casamento na realeza italiana. Durante o banquete, executaram-se danças que representavam os pratos que estavam sendo servidos. (Você consegue imaginar um balé inspirado em... brócolis?)

O balé tomou grande impulso no século XVIII, graças ao estímulo do rei Luís XIV, da França, que se apresentou no palco como bailarino e promulgou um decreto real encorajando outros nobres a fazer o mesmo. Luís fundou o Balé da Ópera de Paris em uma quadra de tênis velha e abandonada (sim, as pessoas jogavam tênis há quatrocentos anos!).

O professor de Luís XIV era um homem chamado Pierre Beauchamp, que em 1671 tornou-se diretor da primeira escola de balé, a Academia Real de Dança, em Paris. A inspiração de Beauchamp para criar os balés veio dos pombos que ficavam do lado de fora da sua janela. Ele gostava de alimentá-los com milho e observar quando corriam para comer os grãos. As diversas maneiras de correr dos pombos deram-lhe ideias para a coreografia dos balés. Pierre Beauchamp inventou o conceito de *en dehors* e o que agora chamamos de as cinco posições clássicas dos pés.

OUÇA A FAIXA 1 DO CD.

Antigamente, os compositores não escreviam músicas específicas para o balé. A dança acontecia de acordo com músicas já populares. As músicas da corte, com as quais nobres damas e cavalheiros se divertiam, são um bom exemplo disso.

França, século XVIII　　　*Século XX*　　*Século XXI*

Costuma-se dizer que, quando os bailarinos estão fora do palco, andam como patos. Isso ocorre porque, desde pequenos, eles treinam manter as pernas voltadas para fora, de forma que os pés apontem para lados opostos.

Mesmo os bailarinos adultos têm aula todos os dias, e esse é o momento em que praticam as posições e os movimentos básicos do balé.

Mas qual é o motivo de os bailarinos quererem andar como patos? Simples. Quando os quadris e as pernas estão voltados para fora, é mais fácil mudar de posição rapidamente e se mover em diferentes direções. Tente você mesmo. Com os pés voltados para a frente, mova-se para a esquerda e para a direita. Você tem de fazer uma pequena rotação para poder mudar de direção. Agora gire os quadris para fora, com os pés apontando para lados opostos e os calcanhares se tocando. Mova-se para a esquerda e para a direita. É mais fácil, não é?

Quando suas pernas estão voltadas para fora, você tem outra vantagem: pode levantá-las mais alto do que quando elas estão com os pés apontando para a frente. (Tente isso também.)

Quando você estiver craque no *en dehors*, estará pronto para o básico: as cinco posições clássicas do balé. Elas são a primeira coisa que um bailarino deve dominar. Você pode experimentar fazê-las usando as instruções a seguir. Veja as figuras e observe como seus braços devem ficar.

Que dor!

No século XVIII, alguém inventou uma máquina para forçar a posição das pernas para fora. Por que não a usamos hoje em dia? Bem, parece que ela não ajudava muito a executar o *en dehors*. O que ela fazia era lesionar os joelhos e tornozelos dos dançarinos. Ui!

O DEUS DA DANÇA

Gaetano Vestris e seu filho, Auguste, foram dois dos mais famosos bailarinos dos primeiros tempos. Quando dançaram juntos em Londres, em 1781, o Parlamento interrompeu a sessão para que seus membros pudessem assisti-los.

Gaetano era muito convencido; ele se intitulava o Deus da Dança. Certa vez, quando uma mulher pisou em seu pé, Gaetano disse que ela havia colocado Paris inteira de luto. No entanto, por mais rude e egocêntrico que fosse fora do palco, não havia ninguém mais nobre e elegante quando estava sobre um deles.

O único dançarino à altura de Gaetano era seu filho, Auguste, conhecido por seus saltos incrivelmente altos. Certo dia, um dos admiradores de Auguste disse a outro:

– Como ele é leve! Deve viver de uma dieta à base de borboletas!

– Não – respondeu o outro. – Ele só come as asas.

Teresa Fogliazzi e Gaetano Vestris

Infelizmente, não havia vídeo naquela época, nem tinham inventado ainda um sistema para registrar os movimentos da dança em papel. Assim, não sabemos de fato como era o balé de Gaetano, de Auguste ou de seus contemporâneos. Tudo o que resta dos grandes bailarinos do passado são alguns poucos desenhos e histórias que foram passadas adiante ao longo do tempo.

Primeira posição Fique de pé, com a coluna ereta, os calcanhares juntos, as pontas dos pés apontando para fora, o máximo possível afastadas para os lados, começando lá de cima, dos quadris.

OUÇA A FAIXA 2 DO CD.
Durante pelo menos parte de quase todas as aulas de balé, os bailarinos ficam junto à barra (uma haste comprida na qual se apoiam). Com o auxílio da barra, eles alongam o corpo e se aquecem, ao som de uma música colocada pelo professor ou instrutor. Em alguns lugares, pode haver até mesmo um pianista na sala, tocando ao vivo.

Segunda posição Comece na primeira posição. Deslize um dos pés para o lado e coloque a ponta do pé no chão. Depois abaixe o calcanhar de forma que ele fique na mesma linha do outro e o seu corpo fique centrado sobre eles.

Enfrentando algo novo

O grande jogador do time de futebol americano Dallas Cowboy, Herschel Walker, certa vez dançou com a companhia de balé Forth Worth. Ele disse que não havia tanta diferença assim entre obstruir jogadores de futebol e fazer piruetas. Falou também que o balé não ficava nada atrás do futebol em termos de dificuldade, embora exigisse o uso de "um grupo de músculos totalmente diferente".

E, finalmente...

Quinta posição Da quarta posição, leve o pé direito para perto do esquerdo, de maneira que o calcanhar direito esteja na frente do dedão esquerdo, com as pontas dos pés ainda apontando para fora. É um pouco complicado até que você desenvolva o *en dehors*. E é um pouco difícil manter o equilíbrio – é por essa razão que os bailarinos, às vezes, usam a barra para se estabilizarem quando estão aprendendo e praticando.

Terceira posição A partir da segunda posição, leve o pé direito para a frente do esquerdo, de maneira que o calcanhar do direito toque o meio do pé esquerdo. A ponta dos pés deve estar voltada para fora.

Quarta posição A partir da terceira posição, deslize o pé direito para a frente até que o calcanhar esteja um pouco adiante do seu dedão esquerdo. Mantenha os pés apontados para lados opostos.

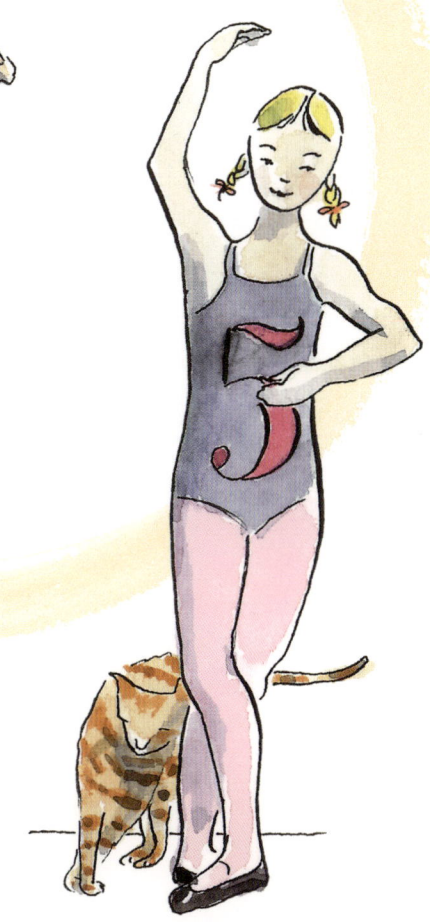

Agora você já sabe as posições básicas do balé!

La fille mal gardée

Coreografia original: Jean Dauberval
Música: originalmente, vários compositores; 1828, Ferdinand Hérold
Primeira apresentação: Paris, França, 1789

O balé mais antigo apresentado ainda hoje, *La fille mal gardée* [A filha mal guardada], é a história de uma garota serelepe chamada Lisa.

Lisa é filha única, e tão esperta e vivaz que todos alertam sua mãe, madame Simone, de que a menina precisa ser vigiada com cuidado!

Mãe e filha moram em uma grande fazenda. Lisa ama Colas, um camponês muito bonito, mas pobre. Sua mãe jamais aceitaria um romance entre os dois, então Lisa não se atreve a passar muito tempo com ele.

Um dia, madame Simone flagra Lisa falando com Colas e fica furiosa! Ela demite Colas imediatamente e decide que é hora de Lisa se casar.

Acontece que, bem ao lado, há uma fazenda que pertence a um viúvo muito rico, Thomas, pai de um garoto chamado Alan. Os vizinhos concordam que seus filhos devem se casar. Mas Lisa não gosta de Alan, que é um rapaz bobo, mais interessado em caçar borboletas do que em casamento.

No dia em que a cerimônia deveria acontecer, cai uma tempestade e o casamento tem de ser adiado. Para manter Lisa longe de Colas, madame Simone proíbe a filha de sair de casa. Lisa percebe que Colas está espiando pela janela e arma um plano para distrair a mãe. Ela pede que madame Simone toque tamborim, para que ela possa ensaiar uma dança. Não demora muito até a mãe de Lisa ficar cansada e cair no sono.

Os poetas já escreveram muitas palavras bonitas para explicar o que é a dança. O mestre do balé do século XVIII, P. Rameau, ao contrário, não foi nem um pouco poético. "Dançar nada mais é do que saber dobrar e esticar os joelhos no tempo certo", disse ele.

Tão logo isso acontece, Colas entra sorrateiramente na casa e pede Lisa em casamento. Nessa hora, a mãe da moça começa a despertar. Colas se esconde no palheiro, mas, acidentalmente, deixa para trás um cachecol.

Quando madame Simone acha o cachecol, percebe que Colas esteve por lá. Como ela não sabe onde o rapaz está escondido, decide trancar Lisa no palheiro, só por precaução!

"Não saia daí até estar pronta para se casar", a mãe ordena à filha.

Quando Lisa sai do palheiro, está usando seu melhor vestido e de mãos dadas com Colas. O rapaz implora à mãe de Lisa permissão para se casar com a jovem.

Madame Simone, ao perceber o quanto eles se amam, não vê alternativa. A cerimônia acontece, e Lisa e Colas vivem felizes para sempre.

VESTIDA PARA O SUCESSO

Você consegue se imaginar dançando com um vestido pesado, sapatos enormes e uma peruca imensa e cheia de talco? Pois era assim que acontecia até o século XVIII, quando então uma bailarina belga chamada Marie-Anne Cupis de Camargo encurtou sua saia para que as pessoas pudessem ver sua criatividade ao usar os pés em passos requintados. A saia foi encurtada apenas um pouco, o suficiente para que os tornozelos ficassem à mostra. Ainda assim, as pessoas ficaram chocadas!

No século XIX, as bailarinas começaram a usar o *tutu* romântico – saias fofas, leves e longas. Eles foram ficando cada vez mais curtos e bem mais firmes, até se tornarem completamente armados. É o que ficou conhecido como *tutu* clássico.

> **O ousado sr. Leotard**
>
> A malha de balé, ou *collant*, que você provavelmente usa na aula de dança, é conhecida em inglês como *leotard*, nome inspirado no trapezista francês Jules Leotard. A canção *The daring young man on the flying trapeze* [O rapaz ousado no trapézio voador] fala sobre ele.

Marie-Anne

antes — depois

La sylphide [A sílfide] é ambientado na Escócia antiga. Um jovem chamado James descansa em uma poltrona próxima a uma lareira acesa. É a véspera de seu casamento, e James está vestido com o traje tradicional de noivo escocês, uma saia masculina chamada *kilt*.

James sonha com uma linda fada, uma sílfide. Enquanto isso, Gurn sonha com Effie, a noiva de James, pois nutre por ela um amor platônico.

James acorda e vê a sílfide diante de seus olhos! Ele tenta alcançá-la, mas ela desaparece na fumaça da lareira. James fica confuso. Ela é real ou apenas um sonho? Ele ainda está pensando nisso quando sua mãe entra no quarto com Effie. Começam, então, os preparativos para o grande dia.

Quando as damas de honra chegam, Gurn pede a elas que digam a Effie para cancelar o casamento, mas elas o ignoram.

As meninas pedem que a bruxa do vilarejo, a velha Madge, leia a sorte de Effie, e a jovem pergunta se terá um casamento feliz.

"Ah, sim", diz a velha. "Você terá um casamento muito feliz."

"Então... James me ama?", pergunta Effie.

A velha Madge balança a cabeça.

"Não", ela responde.

James expulsa a bruxa com uma vassoura, mas mesmo assim não consegue deixar de pensar na sílfide. A fada reaparece, porém dessa vez está triste. Ela diz a James que está apaixonada por alguém que não retribui seu sentimento. Ele a beija.

Gurn presencia tudo e corre até o andar de cima para contar a Effie que viu o amigo beijando outra pessoa. Effie zomba dele e o acusa de inventar histórias por ciúme.

Não confunda! Além de *La sylphide,* existe outro balé com um nome muito parecido: *Les sylphides*. Ele foi criado quase cem anos depois, para a música composta por Frederic Chopin. *Les sylphides* tem lindas fadas, mas não conta nenhuma história.

La sylphide costuma ser chamado de o primeiro balé romântico. Esse gênero é caracterizado pela presença de fadas, duendes e seres mágicos, e geralmente é ambientado em mundos imaginários.

O casamento segue conforme o planejado, mas, quando James vai colocar a aliança no dedo de Effie, a sílfide aparece e agarra o anel. Os convidados ficam surpresos ao ver que a aliança desapareceu. A fada diz a James que morrerá se ele se casar com outra. Para evitar tal tragédia, o rapaz vai embora com ela, deixando Effie aos prantos no altar. Gurn apressa-se em consolá-la.

James segue a sílfide por uma floresta encantada; porém, toda vez que tenta alcançá-la, ela some.

A velha Madge concorda em ajudar James e lhe dá um lenço mágico. Se ele o puser sobre os ombros da fada, suas asas cairão e ela não poderá voar mais.

James corre até a sílfide e atira o lenço sobre seus ombros, mas, quando as asas se desprendem, ela cai morta diante dele. A velha Madge o enganara! James é tomado por uma imensa dor quando um grupo de sílfides leva sua amada embora, para o paraíso.

A distância, ouvem-se os sinos anunciando o casamento de Gurn e Effie.

Direto ao ponto ou à ponta?

Claro que saltos e giros são impressionantes, mas uma das coisas mais difíceis que uma bailarina faz é ficar na ponta (*en point*). Quando uma bailarina está na pontinha dos dedos, com suas sapatilhas de ponta, ela tem de equilibrar todo o seu peso em uma área de cerca de 2,5 centímetros quadrados. A bailarina precisa ter um excelente equilíbrio!

Tente se apoiar em um pé só... não é muito difícil quando você pega o jeito. Em seguida, fique na ponta desse pé. É mais difícil. Agora, imagine ficar bem na pontinha dos dedos, com um calçado especial, que fica bem preso ao pé e tem uma extremidade dura. ISSO requer muita prática!

Durante vários anos as bailarinas realizaram essa façanha usando calçados normais e flexíveis, por isso elas simplesmente não conseguiam ficar na ponta por muito tempo. Então alguém inventou calçados especiais, de ponta dura – obtida por meio da aplicação de cola no tecido para endurecê-lo –, o que tornou a dança sobre os dedos dos pés um pouco mais confortável. Mas não TÃO confortável. Os dedos dos pés de uma bailarina ficam frequentemente doloridos e machucados. Às vezes, em um balé mais silencioso, você consegue ouvir o ruído da ponta da sapatilha no linóleo!

> **Por que os homens não dançam na ponta dos pés? Os pés deles são grandes demais? Não. Os homens poderiam dançar dessa maneira, mas em geral não o fazem. É uma tradição. Não há nenhum outro motivo.**

Sapatilha saborosa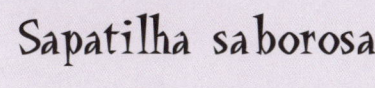

Uma bailarina chamada Marie Taglioni popularizou a dança na ponta dos pés. Marie ficou famosa quando, na década de 1830, seu pai, Filippo Taglioni, coreografou o balé *La sylphide* para ela. A fim de criar a ilusão de que era uma fada quase sem peso algum, Marie dançou na ponta dos pés.

Depois da última apresentação de Marie, a plateia ficou tão desolada em vê-la partir que um *chef* de culinária cozinhou a sapatilha usada pela bailarina no palco, e seus admiradores mais devotos comeram o calçado!

Giselle

Coreografia original: Jean Coralli e Jules Perrot
Música: Adolphe Adam
Primeira apresentação: Paris, França, 1841

A história de *Giselle* se passa há muito tempo, em um pequeno vilarejo da França, onde uma menina chamada Giselle vive com a mãe e sonha em se casar com um rapaz chamado Loys. Giselle tem uma queda por Loys desde que ele chegou à cidade, o que irrita o guarda-caça local, Hilarion, que é apaixonado pela moça. O que nenhum dos dois sabe é que, na verdade, Loys é um conde disfarçado.

Um dia Loys passa perto da casa de Giselle, que se põe a dançar com ele até que sua mãe ordene que ela entre em casa.

Hilarion fica tão enciumado que decide invadir a casa de Loys. Lá, ele encontra uma capa de veludo e uma espada de prata. Antes que consiga descobrir o que se passa, uma trombeta soa e ele é forçado a se esconder.

Giselle é um dos poucos balés do século XIX que vem sendo apresentado continuamente desde que foi criado. Uma das razões para tanta popularidade é o fato de a principal personagem ser um papel rico e desafiador para a bailarina. Giselle começa como uma moça feliz e inocente, tem seu coração partido, enlouquece e, no fim, renasce em forma de espírito. Para fazer o papel de Giselle, a bailarina precisa transmitir várias emoções diferentes ao público.

OUÇA A FAIXA 3 DO CD.
Giselle foi um dos primeiros balés para o qual a música foi especialmente composta. Para cada personagem, o compositor criou uma melodia ou tema, e estes são tocados durante todo o espetáculo, para ajudar o público a "ouvir o sentimento" dos personagens.

Um grupo de nobres chega ao vilarejo montado em cavalos. Giselle e sua mãe os saúdam. A moça nunca tinha visto roupas tão elegantes e joias tão bonitas. Ela dança e entretém os convidados. Depois que eles partem, Loys retorna, e ela começa a lhe contar como foi a festa. É então que Hilarion entra, brandindo a espada de prata entre os dois. Ele descobriu o segredo de Loys.

O brasão da espada é igual ao brasão real que está em um berrante deixado por um dos nobres.

— Ele não é um camponês! — exclama Hilarion.

E, para provar isso, ele sopra o berrante. Os nobres respondem ao chamado. Loys é, na verdade, o conde Albrecht, e está noivo de outra mulher!

Giselle fica desolada. Ela cai nos braços de sua mãe e morre!

Algumas noites depois, no meio de uma floresta escura, a rainha das Wilis emerge das sombras para convocar seus súditos. As Wilis são os espíritos de moças abandonadas por homens que haviam prometido se casar com elas. Toda noite elas se levantam dos túmulos e procuram vingança, obrigando qualquer homem que encontram a dançar até morrer de exaustão. O espírito de Giselle se uniu a elas. Hilarion entra no bosque e é forçado a dançar até a morte.

Naquela mesma noite, o conde Albrecht visita o túmulo de Giselle. Quando a rainha das Wilis ordena que ele dance, Giselle intervém e começa a dançar. Ele dança com ela. Albrecht vai ficando cada vez mais cansado, mas, graças ao poder do amor de Giselle, ele consegue sobreviver. Quando amanhece, Giselle deixa um lírio para Albrecht e desaparece para sempre.

A LÍNGUA DO BALÉ É O FRANCÊS

Se você quer ser bailarino ou bailarina, tem de saber pelo menos um pouco de francês, mas é uma coisa bem legal de se aprender. Aqui, além de algumas palavras que todo aluno de balé deve saber, há lições de como executar os movimentos descritos. Há muitos outros vocábulos de balé no glossário, no final do livro.

Battement tendu [batman tandü] Deslize um pé para longe do tronco, para a frente, para o lado ou para trás, depois retorne à posição inicial. Isso aquece e dá flexibilidade aos pés.

Attitude [atitüd] No balé, *attitude* é uma coisa boa! Levante uma perna de forma que ela fique esticada atrás de você, com o joelho dobrado, mantendo sua perna voltada para fora.

Développé [dêvelopê] *Développé* significa "desenvolver". É um movimento que se *desenvolve*. De pé em uma das cinco posições, você dobra uma perna de forma que o dedão vá em direção ao outro joelho, depois você estende a perna e levanta o pé bem alto, para a frente, para o lado ou para trás, até que a perna fique completamente esticada.

Arabesque [arabéck] Esse é um movimento clássico que você verá centenas de vezes quando assistir a qualquer balé. Para começar, equilibre-se em uma perna só, esticando a outra para trás, o mais alto que conseguir, sem dobrar. (Esse movimento requer posição especial dos braços também.)

Plié [pliê] Fique na primeira ou na segunda posição e dobre os joelhos, mantendo-os voltados para o lado de fora, alinhados com os pés. Quando executar o *plié* na primeira ou na segunda posição, seus calcanhares devem permanecer no chão. Quando executar um *grand plié* os calcanhares devem subir apenas um pouco.

Jeté [jetê] ou *Glissé* [glissê] A palavra *jeté* significa "arremessado". Portanto, para executar um *jeté*, você se "arremessa" no ar em um salto de um pé para o outro. O *grand jeté* é um salto grande para a frente.

Dê um salto!

Bailarinos profissionais podem saltar de um metro a um metro e meio do chão. Talvez essa medida ultrapasse sua altura. Alguns dos grandes saltadores, como Mikhail Baryshnikov, em sua melhor forma, conseguem dar saltos de 1,80 metro de altura – acima da cabeça de alguns homens adultos! Bailarinos saltam um pouco mais alto que bailarinas.
Quanto tempo uma pessoa pode permanecer no ar? Não muito. O famoso jogador de basquete Michael Jordan, um dos esportistas que pulam mais alto, conseguia ficar no ar pouco menos de um segundo. Grandes bailarinos conseguem ficar mais ou menos o mesmo tempo.

Copélia

Coreografia original: Arthur Saint-Léon, baseado em uma história de E. T. A. Hoffmann
Música: Léo Delibes
Primeira apresentação: Paris, França, 1870
Coreografia mais conhecida: Marius Petipa, 1884

Em um pequeno vilarejo vive um velho inventor chamado dr. Coppelius e sua "filha", Copélia. Todos os dias a menina senta-se perto da janela e se põe a ler um livro, mas nunca pronuncia nenhuma palavra. Nem mesmo a menina mais simpática da região, Swanilda, consegue fazer Copélia falar.

OUÇA A FAIXA 4 DO CD.
Antes de compor a música de *Copélia*, Léo Delibes fez uma jornada a pé pela Hungria e foi inspirado pela música e dança folclóricas da região. Fez anotações e compôs uma mazurca, música folclórica muito dinâmica, que ele incluiu no balé.

Um dia Swanilda vai à procura de seu namorado, Franz, e o encontra contemplando Copélia e mandando beijos para ela. Swanilda sai correndo aos prantos.

Naquela noite, durante sua caminhada noturna, o dr. Coppelius perde a chave de sua casa. Swanilda a encontra e convence suas amigas a ir até lá e tentar encontrar Copélia cara a cara. Enquanto elas armam um plano, Franz sorrateiramente sobe até a sacada de Copélia, usando uma escada.

Quando as garotas, nas pontas dos pés, entram na oficina, veem bonecas e peças para montá-las por toda parte. E lá está Copélia, atrás de uma cortina, sentada, como sempre, em sua cadeira, lendo um livro. Swanilda tem uma crise de riso. É então que ela entende por que a "filha" do inventor nunca responde: Copélia é uma boneca!

As meninas dão corda nas bonecas e as observam bailar, mas o dr. Coppelius chega e as expulsa. Swanilda fica escondida atrás de uma cortina.

Franz consegue alcançar a janela. Quando vê o inventor, explica que deseja se casar com a sua "filha". O dr. Coppelius convida Franz para tomar uma bebida e coloca uma poção na xícara do rapaz que o faz cair num sono pesado.

Você deve lembrar que, nos primeiros tempos do balé, somente homens podiam dançar profissionalmente. Na época de Copélia, no entanto, tudo havia mudado, e as bailarinas eram as grandes estrelas. Muitas vezes o papel de Franz era interpretado por uma mulher vestida de homem.

OUÇA A FAIXA 5 DO CD.
Depois de descobrir que Copélia é na verdade uma boneca, Swanilda brinca com as bonecas de corda e as põe para bailar. Imagine ao som de que música as bonecas estariam dançando e como seriam os movimentos de uma bailarina, caso esta fosse uma boneca de corda. Você pode até mesmo fingir que é uma!

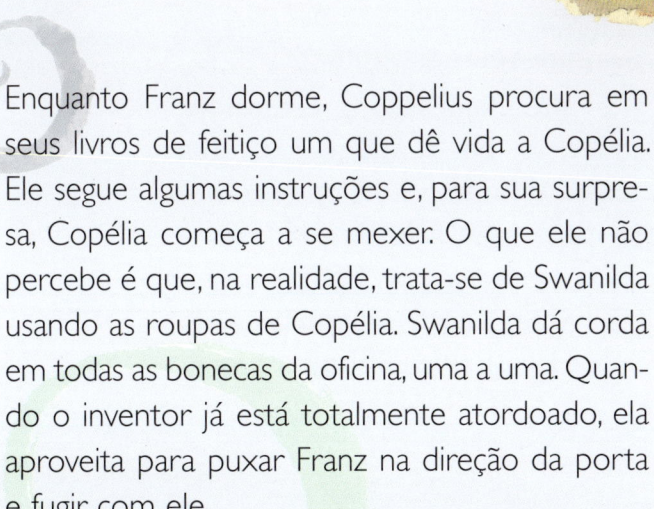

Enquanto Franz dorme, Coppelius procura em seus livros de feitiço um que dê vida a Copélia. Ele segue algumas instruções e, para sua surpresa, Copélia começa a se mexer. O que ele não percebe é que, na realidade, trata-se de Swanilda usando as roupas de Copélia. Swanilda dá corda em todas as bonecas da oficina, uma a uma. Quando o inventor já está totalmente atordoado, ela aproveita para puxar Franz na direção da porta e fugir com ele.

É só então que Coppelius puxa a cortina e vê o corpo imóvel de Copélia, que nunca tinha ganhado vida.

No dia seguinte, Swanilda e Franz celebram seu casamento. O dr. Coppelius se aproxima deles carregando Copélia quebrada e exige ser indenizado pelos estragos em sua oficina. Swanilda se desculpa e lhe oferece seu dote de noiva, mas o prefeito da cidade a afasta e propõe ao fabricante de brinquedos uma bolsa repleta de ouro. Coppelius aceita e volta à sua oficina, jurando que continuará tentando dar vida às suas bonecas.

Lá vêm os russos!

Até agora, temos falado principalmente sobre balés criados na França. Daqui em diante, falaremos sobre muitos balés e bailarinos da Rússia. Os russos estiveram envolvidos com o balé quase desde o início, mas não de modo muito profundo.

As coisas mudaram drasticamente quando um francês chamado Marius Petipa foi para a Rússia em 1840.

No balé de Petipa, os bailarinos eram mais participativos. Em vez de somente sustentar as bailarinas, eles saltavam, giravam e, às vezes, chegavam a ser o centro das atenções. Mas as lindas bailarinas em trajes brancos esvoaçantes ainda eram as estrelas.

Petipa produziu mais de sessenta balés, entre eles, alguns que até hoje são apresentados com certa frequência. Na realidade, os três balés mais famosos do mundo – *O quebra-nozes*, *O lago dos cisnes* e *A bela adormecida* – foram todos coreografados por Petipa e seu assistente, Lev Ivanov, para as músicas do grande compositor Pyotr Ilych Tchaikovsky.

Que famosa companhia de balé foi formada, a princípio, exclusivamente por órfãos?

Em 1773, o conselho do orfanato de Moscou ofereceu um salário e bônus para o ex-dançarino Fillippo Beccari se ele conseguisse treinar as meninas e os meninos da instituição para serem bailarinos. Beccari deve ter sido um **EXCELENTE** professor! De 62 crianças, 24 tornaram-se solistas. Desse grupo de talentosos órfãos, nasceu o Balé Bolshoi da Rússia. O czar (rei) Alexandre I concedeu à companhia *status* imperial em 1806, e o Bolshoi (palavra que significa "grande") ainda é uma das maiores companhias de balé do mundo – mas, é claro, agora não é mais formada por órfãos.

Uma das criações de Petipa foi o divertissement [divértiçmant]. (Pois é, francês de novo, apesar de agora estarmos na Rússia.) A palavra significa "diversão" ou "entretenimento". Divertissements são cenas que se afastam da história principal do balé para exibir diferentes tipos de dança. ("Agora interrompemos essa história para um pouco de dança espanhola...")

OUÇA A FAIXA 6 DO CD.

A música *Dança do sabre* já foi usada em filmes, programas de TV, comerciais e até mesmo no circo! Talvez por ser tão empolgante.

E a música continua...

Há alguns compositores cuja música raramente é ouvida quando não há bailarinos por perto. Mas há outros cuja música se tornou muito famosa, embora os balés originais tenham sido esquecidos.

A música *Dança do sabre* foi composta por Aram Khachaturian para o seu balé de 1942, *Gayane*. Talvez você nunca consiga assistir a uma apresentação de *Gayane*, mas provavelmente já ouviu ou ouvirá *Dança do sabre*.

Dom Quixote

Coreografia original: Marius Petipa
Música: Leon Minkus
Primeira apresentação: Moscou, Rússia, 1869

OUÇA A FAIXA 7 DO CD.
Dom Quixote foi o primeiro balé que Leon Minkus compôs para Marius Petipa.

Dom Quixote é um homem velho tão influenciado por histórias de cavaleiros medievais que começa a crer ser ele próprio um deles, viajando com seu fiel criado, Sancho Pança, em busca de grandes aventuras.

Na versão para o balé, Dom Quixote chega a um mercado ao ar livre e conhece Quitéria, a filha do dono de uma hospedaria. Apesar de Quitéria estar apaixonada por um jovem chamado Basílio, seu pai ofereceu sua mão em casamento ao rico Gamache.

Quando Dom Quixote vê Quitéria, acredita que ela é sua amada Dulcineia, uma linda princesa, e que Gamache é um rival na disputa pela afeição da moça. Dom Quixote desafia Gamache para um duelo, mas os habitantes do vilarejo riem dele.

Nesse meio-tempo, Basílio encontra uma maneira de se casar com Quitéria. Ele finge estar morrendo e diz que seu último desejo é desposá-la. Assim que o pai de Quitéria dá a permissão, Basílio levanta-se perfeitamente saudável do leito em que padecia.

Enquanto isso, Dom Quixote está no bosque. Quando avista uma apresentação de marionetes de uma companhia itinerante, ele acredita que as marionetes sejam soldados inimigos e trava um combate com elas. Em seguida, o "cavaleiro" ferido tira um cochilo e sonha com a sua Dulcineia. Ao acordar, resolve marchar até o castelo do duque. Lá, ele é desafiado para um duelo pelo Cavaleiro da Lua de Prata (na verdade, seu amigo Carrasco), que finalmente o convence a largar a espada.

O lago dos cisnes

Coreografia original: J. W. Reisinger
Música: Pyotr Ilych Tchaikovsky
Primeira apresentação: Moscou, Rússia, 1877
Coreografia mais conhecida: Marius Petipa

A história de *O lago dos cisnes* começa no aniversário do príncipe Siegfried. Todos os nobres estão reunidos no palácio para uma festa grandiosa. A mãe de Siegfried, a rainha, dá um arco e flechas de presente para ele e diz que agora o rapaz já tem idade para escolher uma noiva. O príncipe dança com muitas mulheres lindas, mas nenhuma o agrada. Então, munido de seu arco, ele vai até um lago próximo para caçar.

Siegfried está prestes a atingir uma ave quando percebe que a criatura é na realidade uma linda jovem. Odette, a Rainha dos Cisnes, foi enfeitiçada por um mago perverso, o barão Von Rothbart. Durante o dia, ela e suas amigas se transformam em cisnes, mas, entre meia-noite e o alvorecer, elas retomam a forma humana. A maldição só pode ser quebrada pelo amor verdadeiro de um homem.

O príncipe fica encantado com a beleza de Odette e declara seu amor por ela no exato momento em que o sol começa a raiar, e a jovem se transforma novamente em cisne.

OUÇA A FAIXA 8 DO CD.
Durante a apresentação de *O lago dos cisnes*, ouvem-se diferentes variações do tema dos cisnes. Uma delas serve de trilha sonora para o momento em que Odette e os cisnes nadam no lago, e é uma das músicas de balé mais famosas até hoje. É um grande desafio para as bailarinas executarem os movimentos com a mesma graça e beleza de um cisne.

OUÇA A FAIXA 9 DO CD.
Quando Odile dança para Siegfried e ele acredita que ela seja Odette, o tema dos cisnes é retomado, porém não é o mesmo. Você consegue sentir a diferença?

Embora atualmente O lago dos cisnes *seja um dos balés clássicos mais populares do mundo, sua estreia foi um fiasco total! A crítica e o público detestaram. Mesmo Tchaikovsky, o próprio compositor, nunca deu muito valor a* O lago dos cisnes *e morreu antes de ver uma produção aclamada. Um ano depois de sua morte, Marius Petipa refez a coreografia, a que tanto apreciamos, e ela continua a mesma até hoje.*

Siegfried retorna ao palácio, onde sua mãe insiste que ele deve escolher uma noiva. Em uma série de *divertissements* (lembra disso?), bailarinas da Hungria, Polônia, Espanha e Nápoles se apresentam, mas ele fica indiferente.

De repente, um homem misterioso aparece. O príncipe não percebe que se trata do perverso barão Von Rothbart disfarçado. O homem apresenta sua filha, Odile, e o príncipe é levado a crer que ela é Odette, sua adorada Rainha dos Cisnes.

Siegfried pede a mão dela em casamento imediatamente, e nesse momento Von Rothbart revela que tudo não passou de uma armadilha para fazer Siegfried quebrar a promessa que havia feito a Odette. Ela terá de permanecer cisne para sempre!

Enquanto isso, no lago, Odette se encontra tomada de profundo sofrimento. Quando Siegfried chega, os outros cisnes estão tentando consolá-la. Ele lhe pede perdão, e os dois concordam em nunca mais se separar, mas então o perverso barão Von Rothbart aparece.

Odette prefere morrer a viver para sempre sob o feitiço. Então, ela se joga de um penhasco. Siegfried não pode suportar a ideia de perdê-la uma segunda vez e joga-se também. Na morte, o poder do amor dos dois triunfa sobre Von Rothbart. O feitiço é quebrado, e os cisnes se transformam em donzelas novamente.

Confusão de cisnes

Por que o príncipe não conseguiu diferenciar Odile de Odette? Porque ambos os papéis são feitos pela mesma bailarina. No balé original, duas bailarinas faziam os papéis. Foi Marius Petipa quem teve a ideia de colocar a mesma bailarina para representá-los. Isso faz com que a confusão do rapaz se torne mais verossímil, embora torne o papel de Odette/Odile um **GRANDE** desafio.

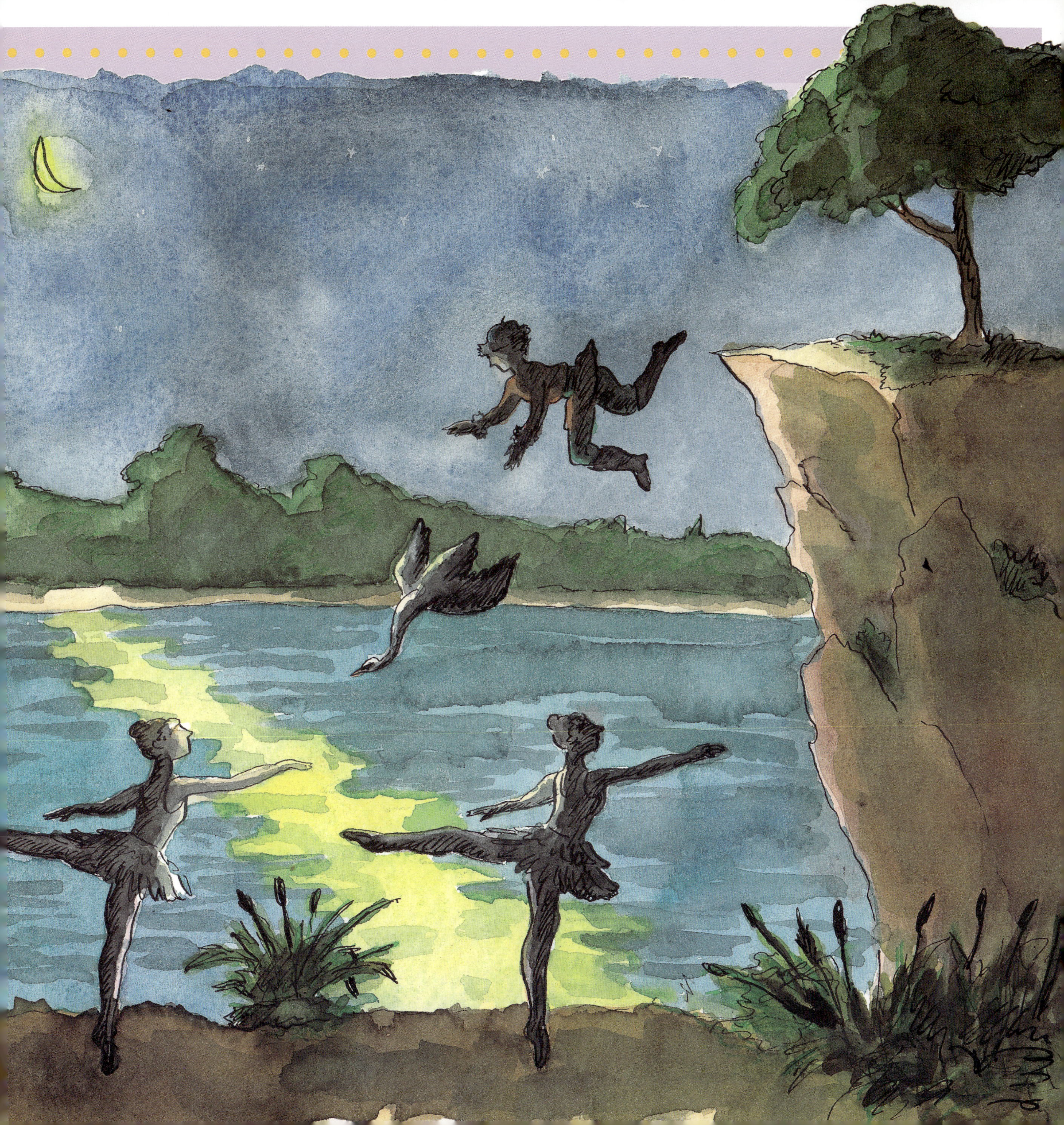

GIRA, GIRA, GIRA!

Pierina Legnani, bailarina italiana que foi a primeira a interpretar o papel de Odette/Odile em *O lago dos cisnes* na versão de Marius Petipa, em 1895, fez 32 *fouettés* [fuêtês] consecutivos! Agora, toda bailarina que interpreta Odile tem de fazer o mesmo. O público fica na expectativa e faz a contagem; então, às vezes, a bailarina inclui outros tipos de piruetas para aumentar a emoção. *Fouetté* é "chicote" ou "açoitar" em francês. No balé, *fouetté* significa um movimento rápido com a perna, semelhante ao de um chicote, seguido de uma pirueta ou giro.

Na verdade, Legnani já tinha realizado a mesma façanha dois anos antes, na versão de Petipa para *Cinderela*, mas foi em *O lago dos cisnes* que a sequência ganhou destaque.

> Quem detém o recorde mundial de piruetas é Rowena Jackson, da Nova Zelândia, que fez 121 consecutivas em 1940. Aposto que depois disso não foi nada fácil andar em linha reta!

Olhe para o gato...

Continue olhando para ele...

Você deve estar se perguntando como uma bailarina consegue girar 32 vezes seguidas sem ficar tonta e cair. Há um truque para isso.

Antes de tudo, precisamos saber o que causa aquela sensação de tontura ao girar. Você fica tonto quando seus olhos e ouvidos têm percepções diferentes sobre o estado do corpo, se está parado ou girando. Seu equilíbrio é controlado por três câmaras cheias de fluido, bem dentro dos ouvidos. Quando o fluido está paradinho, no nível certo, você se sente bem.

Se você girar muito, porém, o líquido de dentro dos ouvidos começa a girar muito rápido também, e leva um tempo até parar (como quando você mexe o leite com uma colher e ele continua mexendo mesmo depois de a colher ser retirada). Portanto, seu corpo pode parar, mas o fluido continua se mexendo. Seus olhos percebem que você está parado, mas os ouvidos comunicam ao cérebro que você está em movimento. Seu cérebro, coitado, fica confuso, não sabe o que pensar, e você fica tonto.

Como, então, um dançarino pode fazer todas aquelas piruetas sem cair? O truque usado é a técnica de um ponto fixo. Você também pode fazer. Escolha um ponto na parede, mais ou menos na altura dos olhos. Depois comece a girar, mas, em vez de manter a cabeça alinhada com o corpo, fixe seus olhos nesse ponto o máximo que puder até ter de virar a cabeça, e, novamente, o mais rápido possível, volte a olhar para o mesmo ponto. Isso ajuda a reduzir a tontura, porque, se sua cabeça permanecer parada a maior parte do tempo, o fluido dos ouvidos não fica tão agitado.

... e assim por diante...

A bela adormecida

Coreografia original: Marius Petipa
Música: Pyotr Ilych Tchaikovsky
Primeira apresentação: São Petersburgo, Rússia, 1890

Era uma vez uma linda princesa chamada Aurora. Quando ela nasceu, todas as fadas do reino foram convidadas para uma magnífica comemoração. Então, uma bruxa velha e assustadora chamada Carabosse invade o salão, muito aborrecida por não ter sido convidada para a festa.

Ela diz ao rei e à rainha que, quando Aurora fizer 16 anos, espetará o dedo e morrerá. Felizmente, a fada Lilás ainda não havia dado o seu presente ao bebê. Ela não pode reverter o feitiço, mas usa os seus poderes para abrandá-lo. "Quando Aurora espetar o dedo", diz a fada Lilás, "ela não morrerá; vai apenas adormecer. E o feitiço será quebrado quando um belo príncipe a beijar".

> **Dançando para sempre**
>
> Na plateia de uma das apresentações de *A bela adormecida* estava uma menina de oito anos chamada **Anna Pavlova**. Ela gostou tanto do balé que decidiu bem ali, naquele momento, que queria ser bailarina. Logo você lerá mais sobre Anna – ela se tornou umas das maiores bailarinas de todos os tempos.

Depois da festa, o rei promulga um decreto banindo do reino todos os objetos pontiagudos, e Aurora cresce e se torna uma linda jovem.

Em seu aniversário de 16 anos, Aurora, seus amigos e familiares se reúnem para uma festa no palácio. Uma velha senhora, que Aurora não reconhece, oferece a ela um buquê de flores. Aurora as admirava quando sentiu uma fisgada no dedo. Carabosse havia escondido uma agulha nas flores! Aurora, imediatamente, cai em sono profundo, assim como todos no palácio.

> *Os contos de fadas dão ótimos balés. Um dos mais famosos baseado em um conto de fadas é* A bela adormecida, *adaptado do conto de Charles Perrault, escritor francês. (Tenho certeza de que você sabe a história de cor, e a versão do balé não foge muito à que você conhece.) Sua importância também se deve ao fato de ter sido o primeiro balé de sucesso musicado pelo grande compositor Pyotr Ilych Tchaikovsky.*

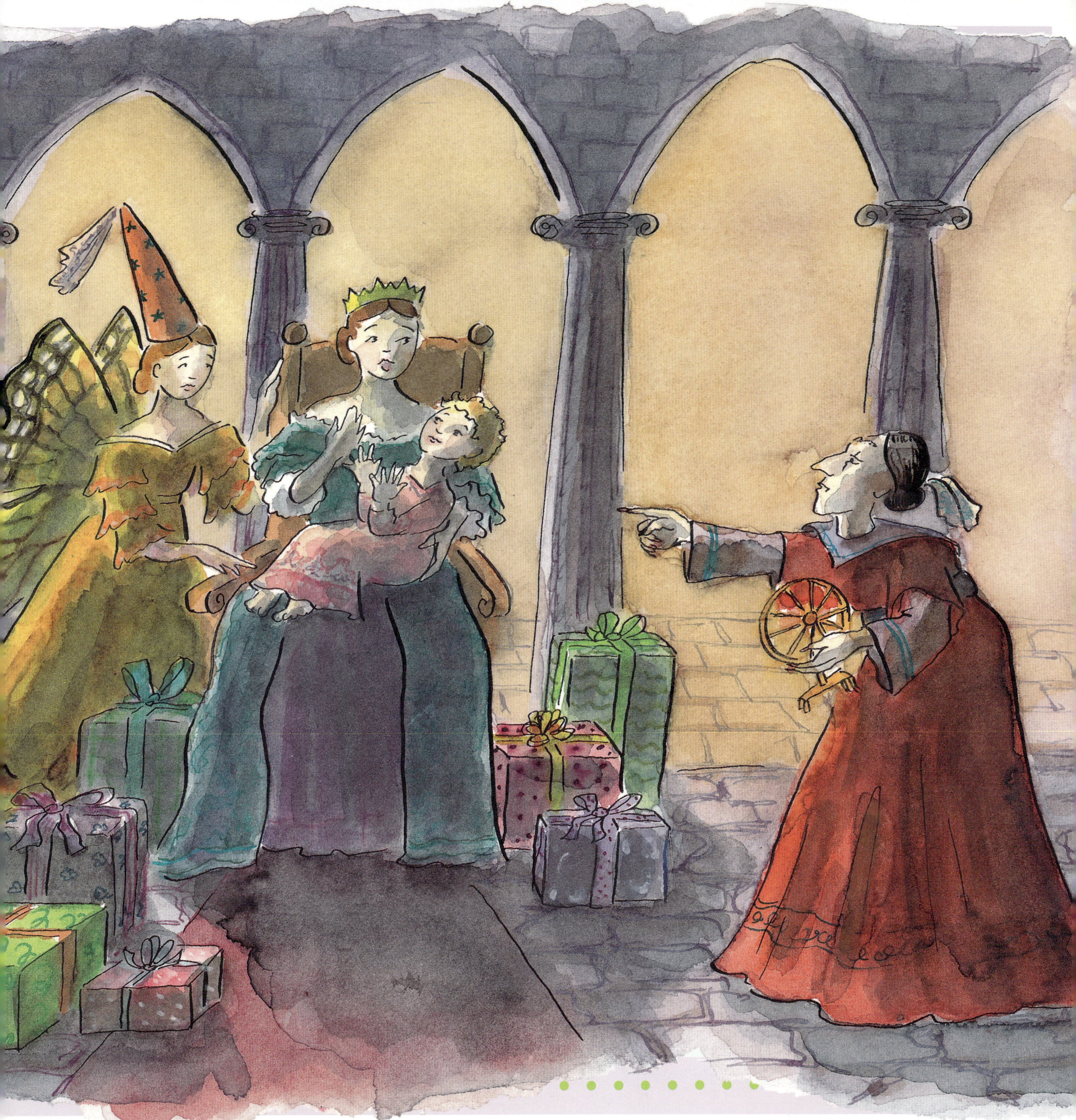

Muitos anos se passam, e todo o reino continua dormindo. Em uma floresta das redondezas, um príncipe chamado Desirré está caçando com alguns amigos. A fada Lilás aparece e mostra uma visão de Aurora a Desirré. Ele se apaixona à primeira vista e segue em busca da princesa.

Finalmente Desirré chega a um castelo escuro, coberto de teias de aranha e parreiras. A primeira impressão é que ninguém habitava aquele lugar estranho, mas então ele avista a linda mulher que conhecia de sua visão. Ela está deitada em uma cama, tão imóvel quanto uma pessoa morta. Ele se inclina, beija Aurora, e ela acorda. O feitiço se desfaz.

Todos comemoram o belíssimo casamento de Aurora e Desirré, ao qual comparecem todos os tipos de seres mágicos dos contos de fadas. E, claro, todos vivem felizes para sempre.

OUÇA A FAIXA 10 DO CD.

A cena do casamento em *A bela adormecida* apresenta danças de personagens de diferentes contos de fadas, entre eles, *O gato de botas*, *O pássaro azul* e *Chapeuzinho vermelho*. Tchaikovsky criou músicas distintas para cada um dos personagens. Veja se consegue ouvir o "miau" que os instrumentos produzem. Depois ouça a FAIXA 11, tema de um personagem bem diferente. Você consegue imaginar qual é?

Quantos você consegue fazer?

A dança de *O pássaro azul* em *A bela adormecida* é curta, mas é um dos solos mais difíceis para um bailarino executar. Ele tem de saltar alto, virar rápido e cruzar e descruzar os pés muito depressa. Esses movimentos são chamados *entrechats* [antrechá].

Um único *entrechat* já é muito difícil. Marie Camargo foi a primeira bailarina a fazer dois seguidos — o que significa quatro cruzadas de pernas. Por querer mais liberdade para realizar esse movimento complicado, ela decidiu encurtar as saias, o que implicou uma mudança definitiva do traje de balé.

Vaslav Nijinsky (em breve leremos mais sobre ele) durante algum tempo foi o único bailarino a conseguir fazer cinco *entrechats*, o que significa dez movimentos no total. Quem quebrou seu recorde, em 1973, foi Wayne Sleep, bailarino principal do England's Royal Ballet, que executou seis *entrechats* — 12 cruzamentos — em uma transmissão do canal de televisão BBC.

Wayne gostava de bater recordes mundiais. No dia 28 de novembro de 1988, ele fez 158 *grand jetés* em dois minutos.

O quebra-nozes

Coreografia original: Lev Ivanov
(baseado em uma adaptação de Marius Petipa da história de E. T. A. Hoffmann)
Música: Pyotr Ilych Tchaikvosky
Primeira apresentação: São Petersburgo, Rússia, 1892

A história de *O quebra-nozes* começa na véspera de Natal, na casa dos Stahlbaums. A família está dando uma grande festa. As damas dançam em seus vestidos coloridos e os cavalheiros, em seus melhores ternos. Mas a pequena Clara espera um convidado em especial: seu padrinho, Drosselmeier.

Algumas pessoas têm medo de Drosselmeier, mas Clara não. Ela o julga inteligente e misterioso, e que presentes incríveis ele traz: bonecos de corda feitos à mão, trens, soldados e bonecas que fazem piruetas.

Esse ano ele traz o presente mais maravilhoso de todos: um quebra-nozes de madeira. Clara vai para a cama aquela noite com o quebra-nozes, que ela carrega firmemente debaixo do braço. Mas, quando está caindo no sono, Clara ouve um barulho.

Espiando por cima da coberta, Clara vê um rato gigante saindo do chão com um exército inteiro de ratos na sua retaguarda.

Então o quebra-nozes se senta, tira a coberta e pula da cama. Ele saca a sua espada de madeira e a ergue acima da cabeça.

Na história original de O *quebra-nozes*, a menina chama-se Marie. Algumas vezes ela é chamada de Masha (nome russo) ou Clara (mais comum nos Estados Unidos e no Brasil).

O quebra-nozes é o balé predileto para a época de Natal. Quem sabe você não tenha a oportunidade de assisti-lo algum dia? Ou, talvez, até consiga fazer parte do espetáculo, já que há muitos papéis para crianças.

O quebra-nozes e um batalhão de soldados de brinquedo lutam contra o rei dos ratos. Apesar de o quebra-nozes lutar bravamente, o rato o derruba. Clara pega uma sapatilha e atira no rato, que se assusta. O susto é providencial, pois dá tempo ao quebra-nozes para se recuperar e vencer a batalha.

Enquanto Clara toma fôlego, Drosselmeier aparece e revela o segredo do presente de Natal. O quebra-nozes é, na realidade, um lindo príncipe, cujo feitiço foi quebrado pelo amor de Clara. O príncipe leva Clara numa viagem pela neve, para um reino mágico onde pessoas de todas as nações se apresentam em turnos, mostrando suas danças típicas. É tudo tão perfeito... mas até o sonho mais bonito tem de acabar. Na manhã seguinte, Clara acorda com o quebra-nozes de madeira ao seu lado.

OUÇA A FAIXA 12 DO CD.
O segundo ato de *O quebra-nozes* é composto de danças de pessoas de diferentes nações. Está é a música para a variação chinesa.

OUÇA A FAIXA 13 DO CD.
Marius Petipa pediu a Tchaikovsky que compusesse a música para a fada Açucarada de forma que a melodia soasse como jatos de uma fonte. Para conseguir esse efeito, Tchaikovsky usou um instrumento novo, a celesta. Ela é tocada como o piano, mas, quando as teclas são pressionadas, os marteletes em seu interior batem em placas de aço, e não em cordas.

Balé para viagem

Até o começo do século XX, o balé russo era um sucesso, mas pessoas de fora ainda não o conheciam – até que um homem chamado Sergei Diaghilev fundou uma companhia, o Balé Russo. Um fato estranho, porém, é que o Balé Russo nunca se apresentou na Rússia. A companhia viajava por diversos países, levando balé para o resto do mundo.

Diaghilev não era bailarino nem coreógrafo. Era produtor teatral – um empresário, um homem de negócios que lidava também com entretenimento. Diaghilev montou sua companhia com bailarinos dos teatros imperiais russos, principalmente nos períodos em que eles não estavam se apresentando em seu país, e os levou para Paris.

As turnês de longa duração não eram fáceis. Algumas vezes não havia dinheiro suficiente para custeá-las. Porém, graças a Diaghilev e a seus bailarinos itinerantes, muitos norte-americanos puderam assistir a apresentações de balé profissional pela primeira vez.

Quando Diaghilev faleceu, em 1929, o Balé Russo morreu com ele. Mas sua influência no mundo ainda continuou por muitos anos.

A morte do cisne

Coreografia: Michel Fokine
Música: Camille Saint-Saëns
Primeira apresentação: São Petersburgo, Rússia, 1905

Espero que minha mensagem de beleza, alegria e vida seja absorvida e sempre passada adiante. Espero que, quando Anna Pavlova cair no esquecimento, a lembrança de sua dança viva com o povo. Se eu conseguir ao menos esse pequeno feito para minha arte, ficarei contente.

Anna Pavlova

A morte do cisne nada tem a ver com *O lago dos cisnes*. É um pequeno solo criado especialmente para Anna Pavlova, do Balé Russo, e mostra um cisne nos momentos finais de sua vida. Muitas bailarinas já interpretaram o papel, mas Anna Pavlova o fez de maneira mais marcante.

Não havia em seu passado nenhum sinal de que ela poderia vir a ser uma grande bailarina. Nasceu de parto prematuro, com a saúde debilitada, em São Petersburgo, no ano de 1881. Teve uma infância pobre em um pequeno vilarejo. Assim, quando tinha oito anos de idade e sua avó a levou para ver um balé, foi um presente muito especial. Dali em diante ela só conseguia pensar em balé. Dois anos depois, fez um teste para uma escola de balé e foi imediatamente reconhecida como uma futura estrela.

É incrível, mas o mais famoso solo de Anna, *A morte do cisne*, foi criado em apenas alguns minutos. Ela e o coreógrafo Michel Fokine eram amigos, e ela dançava no papel principal de quase todos os seus balés. Fokine gostava de tocar bandolim. Ele estava tocando a melodia do cisne, da obra de Camille Saint-Saëns, *O carnaval dos animais*, quando Anna pediu que ele criasse um solo para ela.

Ele pensou: por que não o cisne?

A partir daquele momento, *A morte do cisne* passou a fazer parte da vida de Anna. Diz-se que suas últimas palavras foram "Preparem meu figurino do cisne".

OUÇA A FAIXA 14 DO CD.
Esta é a melodia triste do cisne que inspirou Fokine.

Em sua primeira apresentação em Estocolmo, Anna Pavlova causou tamanho frisson que, depois do espetáculo, alguns rapazes tiraram os cavalos da carruagem dela, para que eles mesmos pudessem puxá-la de volta ao hotel!

Doce inspiração

Anna Pavlova serviu de inspiração para outro famoso balé de Michel Fokine. Foi originalmente chamado de *Chopiniana*, pois a música é de Chopin. Na Rússia, esse nome foi mantido. Na maior parte do mundo ele é conhecido como *Les sylphides* [As sílfides], mas não o confunda com *La sylphide*, sobre o qual você já leu. Era um balé incomum para a época, porque não tinha história; usava a dança apenas para criar certo clima.

Por muito tempo *Les sylphides* foi o balé mais apresentado no mundo – mais famoso do que *O lago dos cisnes* é hoje. O público britânico gostava tanto dele que se criou uma tradição de que ninguém deveria perturbar a apresentação com aplausos antes do final. Se alguém aplaudisse, a plateia mandava fazer silêncio!

O pássaro de fogo

Coreografia original: Michel Fokine
Música: Igor Stravinsky
Primeira apresentação: Paris, França, 1910 (pelo Balé Russo)

O pássaro de fogo baseia-se em um conto folclórico russo.

Era uma vez um jovem príncipe chamado Ivan. Um dia, em uma floresta de bétulas repleta de neve, Ivan desperta de um sonho. Ele havia sonhado com uma linda princesa e decide partir floresta adentro para encontrá-la.

Ao pôr do sol, ele vê um pássaro laranja, o pássaro de fogo. Se conseguir pegar essa criatura mágica, ela poderá realizar seus sonhos.

Silenciosamente, ele se aproxima do pássaro de fogo e o agarra. O pássaro bate as asas e tenta escapar, mas o príncipe o segura com firmeza. O pássaro finalmente consegue se libertar, mas deixa na mão do príncipe uma de suas penas de fogo. Mesmo uma única pena do grande Pássaro de Fogo contém magia suficiente para proteger Ivan.

Com a pena em mãos, o príncipe chega a um castelo no momento em que 12 princesas atravessam o portão. A última princesa a sair é exatamente a linda menina dos sonhos do príncipe! Eles dançam e se divertem juntos, e Ivan descobre que o castelo está sob o domínio de um feiticeiro perverso, chamado Kastchei, que é protegido por demônios e ogros assustadores.

Ivan agita a pena mágica na direção dos monstros. Eles recuam, um a um. Mas Kastchei é muito

> OUÇA A FAIXA 15 DO CD.
> Este tema é tocado durante a dança do pássaro de fogo. Você consegue imaginar o grande pássaro voando pelo palco ao ouvir a flauta?

poderoso. Ele está prestes a atacar Ivan quando o pássaro de fogo chega para ajudar o príncipe. Ele lança uma espada de ouro para Ivan e permanece voando em círculos para confundir os monstros. Ivan consegue vencer Kastchei e quebrar o feitiço.

O príncipe Ivan casa-se com a linda princesa, e eles vivem felizes para sempre.

Os melhores

No início do século XX, dois coreógrafos do Balé Russo, Michel Fokine e Leonid Massine, eram considerados os melhores do mundo. Ambos tinham muitos interesses artísticos. Fokine estudava música e pintura, além de dança. E Massine cogitou ser ator.

Fokine, que estreou como bailarino no Balé Imperial Russo em seu aniversário de 18 anos, criava obras incomuns para o Balé Russo, embora estas não fossem aceitas pelos principais teatros de São Petersburgo. Ele conseguia memorizar uma partitura musical inteira e sempre vinha para o primeiro ensaio com toda a coreografia do balé pronta – mas também tinha um temperamento dificílimo. Por fim, ele se radicou nos Estados Unidos, onde criou seus últimos trabalhos para o American Ballet Theater.

Leonid Massine foi contratado por Diaghilev para suceder Vaslav Nijinsky, que falecera em 1950. Durante sua carreira, Massine coreografou mais de cinquenta balés, mas ficou mais conhecido pelos que incluíam dança folclórica e a caráter. Ele também fez a coreografia de alguns filmes, entre eles, *Os sapatinhos vermelhos*, que você talvez já tenha visto.

Com o passar do tempo, Fokine e Massine perderam lugar para George Balanchine e Frederick Ashton (logo você lerá mais sobre eles). Na verdade, apesar de Massine ter sido um dos coreógrafos mais importantes de seu tempo, suas obras raramente são apresentadas nos dias de hoje.

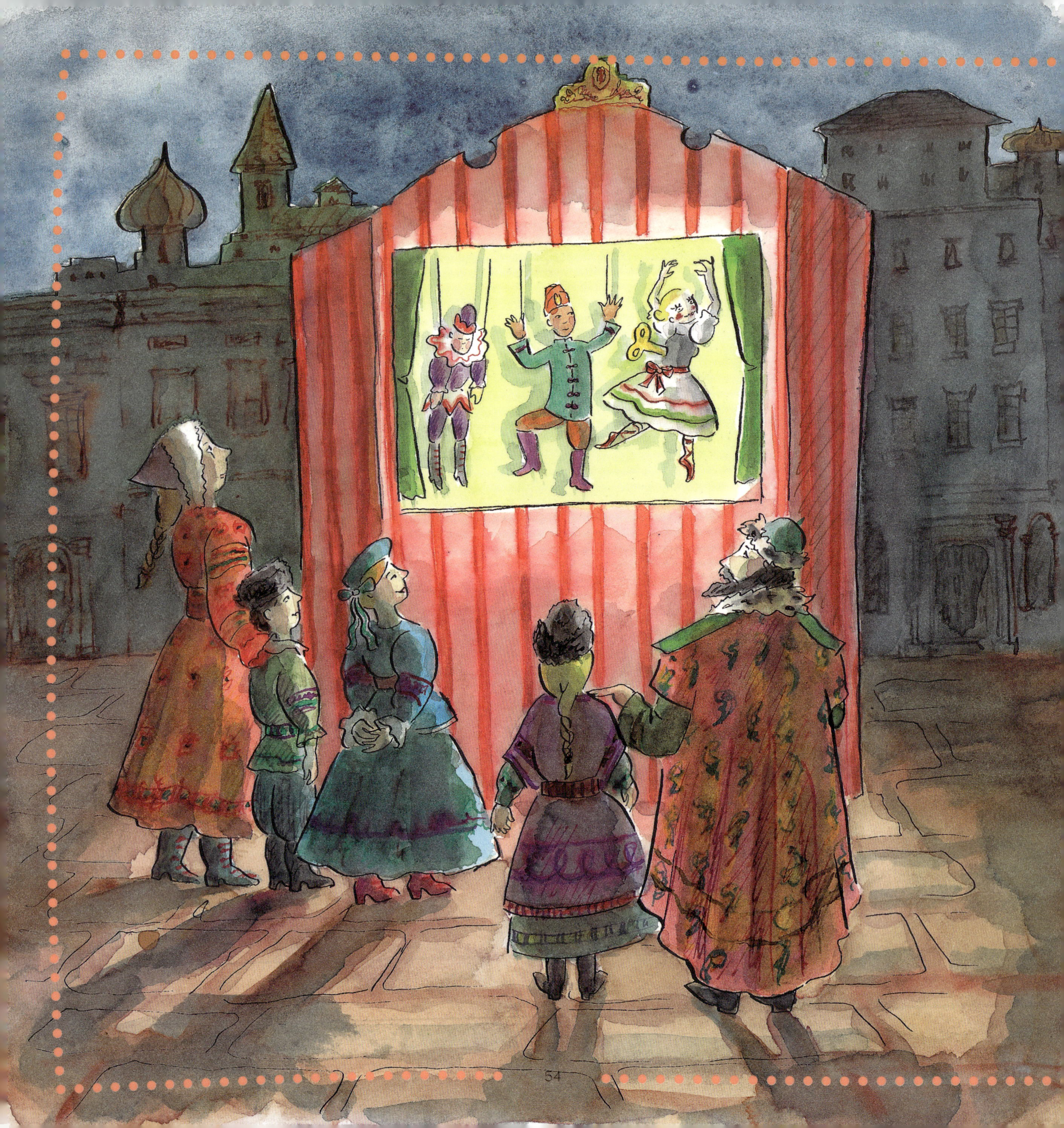

Petruska

Coreografia original: Michel Fokine
Música: Igor Stravinsky
Primeira apresentação: Paris, França, 1911

Ano de 1830. O povo de São Petersburgo está reunido na praça da cidade para a tradicional comemoração que se faz pouco antes da Quaresma – uma espécie de Carnaval russo. O público é chamado para assistir a uma apresentação de marionetes. Entre os bonecos do espetáculo há uma linda bailarina de corda, um exótico mouro (do Norte da África) e um boneco de expressão triste chamado Petruska. Tanto o Mouro quanto Petruska estão apaixonados pela bailarina. Eles começam a lutar pelo seu amor, o que não agrada nem um pouco a Charlatão, homem a quem a apresentação de marionetes pertence.

Depois da festa, Charlatão prende Petruska em seu quarto, e para o rapaz aquilo parece uma prisão. Ele bate na porta e esmurra as paredes, mas ninguém o ouve. O pobre Petruska está preso!

> *Em um balé de 1911, Nijinsky usou um figurino todo coberto de pétalas, para ficar parecido com uma rosa. Eles viviam consertando o figurino, pois seus fãs roubavam as pétalas para guardar de lembrança.*

> *Petruska não é o único balé a falar de brinquedos que ganham vida. Na verdade, neste livro mesmo você já leu sobre dois outros. Você lembra quais são?* O quebra-nozes *e* Copélia.

Todo o quarto parece se iluminar pouco depois, quando a bailarina abre a porta e entra. Petruska está tão feliz em vê-la que dá saltos de alegria, embora a linda boneca nem se importe. Ela dá meia-volta e vai embora. Petruska se encolhe no chão, todo triste. Depois ele se joga contra a parede com toda força e consegue fazer um buraco. Está livre!

Quando a bailarina visita o Mouro, ele a seduz com uma dança desajeitada e ela se acomoda no colo dele. Petruska entra correndo na tentativa de resgatar a bailarina. Mais uma vez, ele luta com o Mouro.

No dia seguinte, os bonecos deveriam se apresentar de novo no evento, mas eles lutam ferozmente. Dessa vez o Mouro domina Petruska e o rapaz cai no chão. A cena de sua morte é tão convincente que alguém chama a polícia, mas o Charlatão dá risada e os lembra de que Petruska é apenas um fantoche. Assim que Charlatão retira dali os restos do boneco, a alma de Petruska se eleva acima do teatro e, lá de cima, fica brandindo os punhos contra seu antigo tirano – e contra todos os outros que não acreditaram que ele era de verdade.

UM BAILARINO QUE NÃO SE DEVE ESQUECER

Você deve lembrar que Vaslav Nijinsky conseguia fazer mais *entrechats* do que qualquer outro dançarino do seu tempo. Ele era também o bailarino que saltava mais alto.

Tanto o pai como a mãe de Nijinsky eram bailarinos, e ele cresceu na região russa do Cáucaso, dançando sempre com seus irmãos. Aos nove anos, iniciou os estudos na Escola Imperial de Dança, em São Petersburgo.

Quando tinha 16 anos, seus professores o estimularam a deixar a escola e começar a dançar profissionalmente, mas ele resolveu continuar com as aulas. Antes mesmo de se formar, foi convidado a dançar diante do czar (rei) no Palácio de Inverno.

Embora fosse um excelente bailarino, Nijinksy parecia arrumar confusão aonde quer que fosse. Foi demitido do Teatro Marinsky por causa da vestimenta que usou – ou melhor, da que *não* usou – no balé *Giselle*. Naquela época, os homens costumavam usar um calção, mas Nijinsky não o vestiu, usando só a malha. No início do século XX, aquilo era um verdadeiro escândalo. (Principalmente com a filha do czar na plateia!)

Depois disso, ele dançou o tempo todo com o Balé Russo de Diaghilev e se apresentou a maior parte das vezes fora da Rússia. Os balés que Nijinsky coreografou para o Balé Russo eram tão inovadores que em geral causavam tumulto.

Infelizmente a carreira de Nijinsky foi interrompida por uma doença mental – ele parou de dançar aos 29 anos. Morreu em Londres em 1950 e foi enterrado em Paris, ao lado de um famoso bailarino sobre o qual você já leu antes: Auguste Vestris.

> O poeta francês Jean Cocteau escreveu que a dança de Nijinsky era "como um adorável poema escrito todo em letras maiúsculas".

A sagração da primavera

Coreografia original: Vaslav Nijinsky
Música: Igor Stravinsky
Primeira apresentação: Paris, França, 1913

A *sagração da primavera* (*Le sacre du printemps*, em francês) deu o que falar em sua primeira exibição em Paris. A plateia, na expectativa de ver lindas donzelas com vestidos brancos esvoaçantes, ficou chocada com a coreografia de Nijinsky. Em vez de usar o *en dehors*, os bailarinos de Nijinsky dançaram com os pés voltados para dentro – como pés de pombos, com os joelhos unidos. Em vez de circularem leves e graciosos pelo palco, faziam movimentos pesados, como que arremessando os corpos.

E então vinha a própria história do balé. Ambientado na Rússia pré-histórica, o balé mostra um povo primitivo escolhendo animadamente uma jovem para sacrificar aos deuses – um ritual que fazem toda primavera.

O público ficava confuso antes mesmo de os bailarinos entrarem no palco. A partitura de Stravinsky começou com um solo de fagote tocado em tal altura que os espectadores não conseguiam nem reconhecer o instrumento.

Além dos abonados fãs do balé, havia na plateia muitos estudantes de artes, que tinham ganhado os ingressos de Diaghilev, o produtor. Enquanto alguns espectadores vaiavam e zombavam do espetáculo, os estudantes, amantes de tudo que era novo e diferente, manifestavam-se contra as vaias. Era tanto barulho que os dançarinos não conseguiam ouvir a música, e Nijinsky se viu obrigado a marcar o tempo da música para eles.

O balé foi apresentado apenas seis vezes antes de encerrar a temporada de forma definitiva.

> *Na estreia de* A sagração da primavera, *o compositor Camille Saint-Saëns deixou o teatro antes do fim do espetáculo. (Lembra? Foi ele quem compôs* O carnaval dos animais, *que inclui a música de* A morte do cisne.*)*

> OUÇA A FAIXA 16 DO CD.
> Até mesmo a música deste balé revolucionário confundiu o público. Esta parte é chamada de "A dança da Terra" e lembra os passos pesados de um bando de gigantes.

59

Pedro e o lobo

Coreografia original: Adolph Bolm
Música: Sergei Prokofiev
Primeira apresentação: São Francisco, Estados Unidos, 1940

Nesta sinfonia muito especial de Prokofiev, cada personagem é representado por um instrumento da orquestra. Se você conhece os instrumentos, talvez possa entender como um fagote pode ter o som de um avô ou um clarinete ter o som de um gato. O tema de Pedro é tocado por um quarteto de cordas – e, quando se ouve a batida marcante do tímpano (tipo de tambor), é o sinal de que os caçadores estão chegando.

A história de *Pedro e o lobo* é assim: em um dia de verão, um menino chamado Pedro está caminhando em um prado e vê um pássaro e um pato. Ele percebe que um gato está prestes a dar o bote no pássaro.

"Cuidado!", ele grita bem na hora em que o gato ia saltar, e o pássaro voa para longe.

Em 1935, Natalya Sats, fundadora do Teatro de Moscou para Crianças, contratou o compositor Sergei Prokofiev para criar uma sinfonia especial que ajudasse a ensinar crianças sobre os diferentes instrumentos em uma orquestra. Prokofiev compôs Pedro e o lobo, *em que cada personagem é representado por um instrumento ou um tema. Quatro anos depois, nos Estados Unidos, a história foi transformada em balé.*

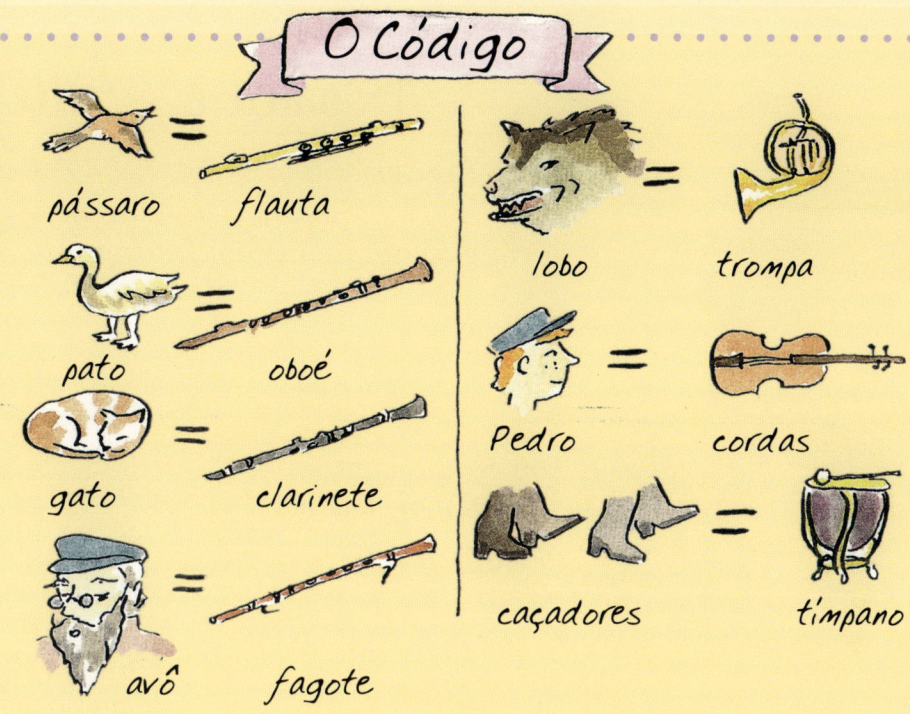

O Código

pássaro = flauta
pato = oboé
gato = clarinete
avô = fagote

lobo = trompa
Pedro = cordas
caçadores = tímpano

Ao ver o lobo se aproximando, o avô de Pedro puxa o menino, fazendo-o passar pelo portão. O pássaro fica de olho no lobo e começa a gorjear para que o gato acorde e suba na árvore – mas o pato não é veloz o suficiente para escapar, então o lobo vem e o engole!

OUÇA A FAIXA 17 DO CD.
Esta música representa o gato. Escute e compare-a com o tema do gato de *A bela adormecida*, FAIXA 10 DO CD.

Pedro sai correndo com uma corda e tenta capturar o lobo. Sobe em uma árvore e avança devagar sobre um galho. Ele pede ao pássaro que voe ao redor da cabeça do lobo para distraí-lo – mas pede que o faça com muito cuidado, para que não seja pego.

Pedro faz um laço com a corda e consegue laçar o rabo do lobo.

Nessa hora, alguns caçadores estão saindo do bosque. Eles começam a atirar no lobo, mas Pedro brada:

"Não atirem! Vamos levá-lo ao zoológico!"

Pedro, junto com seu avô, os caçadores, o pássaro e o gato, desfila com o lobo pela rua.

Romeu e Julieta

Coreografia original: Leonid Lavrovsky
Música: Sergei Prokofiev
Primeira apresentação: Leningrado, Rússia, 1940

Tchaikovsky começou a compor músicas para um balé sobre os famosos apaixonados de Shakespeare, Romeu e Julieta, mas morreu antes de poder completar a obra. Felizmente, Prokofiev, outro compositor russo, musicou a história, e hoje este balé é considerado um dos mais belos.

Esta triste história de amor se passa em Verona, na Itália, onde duas poderosas famílias, os Montéquio e os Capuleto, são inimigas há anos. Uma noite, o jovem Romeu Montéquio e seus amigos, Mercúcio e Benvólio, decidem entrar sem convite em uma festa dada pelos Capuleto.

Na festa, Romeu se encanta com a beleza de uma jovem e a convida para dançar. Ele não sabe que ela é Julieta Capuleto, filha de seu grande inimigo, e que está prometida em casamento a um homem chamado Páris. Romeu e Julieta se apaixonam à primeira vista.

Romeu não consegue tirar Julieta da cabeça, então ele vai ao pátio sob a sacada do quarto da moça, e eles declaram o amor que sentem um pelo outro. O sacerdote local, frei Lourenço, casa-os secretamente.

As coisas se complicam para o casal. O primo de Julieta, Tebaldo, desafia Mercúcio para um duelo e o mata. Romeu persegue Tebaldo e o mata com a própria espada. O príncipe de Verona bane Romeu da cidade, mas ele vai ao encontro de Julieta uma última vez antes de partir para sempre.

Julieta procura frei Lourenço e conta toda a história. Ele pensa em um plano para unir novamente o casal. Então o sacerdote entrega a Julieta uma poção para que ela durma e pareça estar morta.

Você já ouviu a famosa frase "Romeu, Romeu! Por que és tu, Romeu?". Julieta a proclama na cena do balcão da peça de Shakespeare. Com essa frase Julieta na verdade pergunta "Por que você, Romeu, inimigo de minha família?".

63

Parceiros perfeitos

Quando um homem e uma mulher dançam um dueto, este recebe o nome de *pas de deux* [pá de dê], que significa "passo de dois" em francês.

Pode parecer que o homem está fazendo todo o esforço quando ele levanta a bailarina acima de sua cabeça; no entanto, a parceria requer verdadeiro trabalho em conjunto. Se a bailarina não posicionar o corpo corretamente, fica impossível levantá-la. Mas, se cada um fizer a sua parte, um bailarino pode segurar sua parceira no ar com apenas uma das mãos. Trabalho em conjunto, confiança e concentração são a chave do sucesso.

A famosa bailarina Margot Fonteyn certa vez foi questionada se era a favor do movimento de liberação feminina. Ela respondeu:

— Não, se isso significar que eu terei de carregar os bailarinos em vez de eles me carregarem!

O plano era que ela simulasse a própria morte e fosse colocada no mausoléu da família. O frei mandaria avisar Romeu do plano. Então ele entraria escondido no mausoléu, acordaria Julieta e os dois poderiam fugir juntos.

Como planejado, Julieta toma a poção, mas tudo dá errado. Romeu fica sabendo que ela está morta, mas não recebe a mensagem do frei com a informação de que se tratava apenas de uma farsa. Ele vai ao mausoléu e, ao ver sua jovem amada estirada, fica tão desolado que toma veneno. Julieta acorda e se vê ao lado de seu Romeu morto. A dor é tamanha que ela pega o punhal de seu amado e dá fim à própria vida.

Quando os Montéquio e os Capuleto veem essa cena trágica, juram acabar com a briga entre as famílias para sempre.

> A revista *Dance* classificou o balé como "a estreia mais entusiasticamente esperada na história do teatro norte-americano". Foi em 16 de abril de 1959 que o Balé Bolshoi da Rússia se apresentou pela primeira vez nos Estados Unidos, no Metropolitan Opera House, na cidade de Nova York. Os apreciadores de balé esperaram do lado de fora durante 39 horas só para ver a apresentação da bailarina Galina Ulanova em *Romeu e Julieta*.

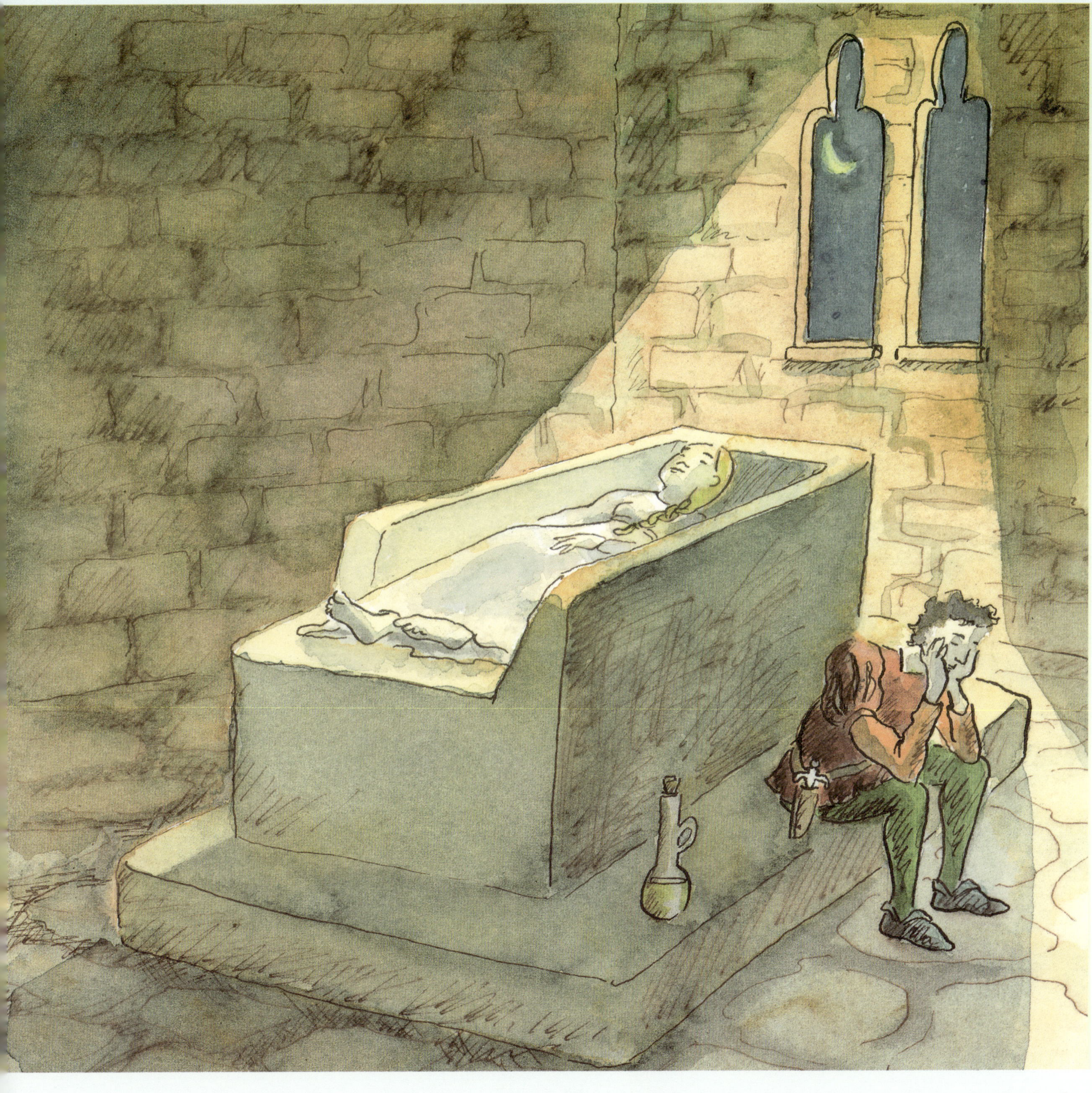

Da Rússia para a América

Até aqui, falamos de Rússia, França e Inglaterra, mas quase não mencionamos os Estados Unidos. Atualmente existem ótimas companhias de balé nesse país, entre elas: American Ballet Theater, The New York City Ballet e Alvin Ailey Company, em Nova York; Joffrey Ballet, em Chicago, e o San Francisco Ballet. Mas até os últimos anos do século XX havia poucas produções que envolvessem o balé no país. É claro que existiam lá excelentes dançarinos, que se apresentavam na Broadway e em filmes de Hollywood, e as pessoas adoravam fazer todo tipo de dança social: de quadrilha, passando por foxtrote, ao charleston. Mas, quando se tratava de balé, os norte-americanos tinham de se contentar com trupes europeias ou russas em turnês eventuais.

Tudo isso começou a mudar quando um homem chamado George Balanchine foi para os Estados Unidos. Balanchine tinha sido dançarino do Balé Russo. Na ocasião da morte de Diaghilev, ele decidiu que era hora de formar a própria companhia.

Uma verdadeira mestra do sapateado na ponta

Nas décadas de 1920 e 1930, o balé ainda não era popular nos Estados Unidos, mas as plateias norte-americanas eram fascinadas por "dança na ponta". Os inovadores da época combinavam passos *en pointe* com todos os tipos de acrobacia e as mais loucas façanhas. Uma excentricidade que agradava o público era o sapateado. Os dançarinos dançavam na ponta dos pés com meia-sola de metal nos calçados. Uma das mais famosas do estilo era Harriet Hoctor, "a mais talentosa de todas as bailarinas talentosas da América". Certa vez Harriet se pôs a dançar pra cima e pra baixo em uma escada rolante, com sapatos com ponta de metal. Não é algo que você deva tentar tão cedo!

Como era um mestre do balé, Balanchine estava sempre à procura de investidores com dinheiro para ajudar a companhia, e foi assim que conheceu o norte-americano Lincoln Keirstein, fã de balé, que sugeriu a ida de Balanchine para a América.

Balanchine tinha visto Fred Astaire e Ginger Rogers nos filmes, e imaginou que nos Estados Unidos havia muitos bailarinos em potencial. Em 1934, ele fundou a Escola de Balé Americano na cidade de Nova York, junto com a companhia de dança que viria a se tornar a New York City Ballet.

Ele criou vários balés novos e interessantes, e reencenou diversos clássicos. Na verdade, foi graças a Balanchine que *O quebra-nozes* se tornou uma tradição de Natal nos Estados Unidos. Porém, ele é mais famoso pela criação de balés sem história. "Você coloca um homem e uma mulher juntos no palco e já tem uma história", disse ele, certa vez.

A MAIS JOVEM BAILARINA

Suzanne Farrell foi a bailarina mais jovem da história do New York City Ballet. George Balanchine a chamava de sua musa (sua inspiração), mas ela talvez nunca viesse a ser bailarina se não tivesse se entediado dentro do carro enquanto a irmã fazia aula de balé.

Suzanne era uma menina sapeca. Gostava de subir em árvores e jogar queimada. Ser uma bailarina não era algo que lhe passasse pela cabeça. Mas, um dia, ela entrou por acaso na aula de balé de sua irmã mais velha e a professora a convidou a participar.

Ela tomou gosto pela dança imediatamente, mas preferia sapateado e jazz a balé. Suzanne só começou a estudar balé seriamente quando tinha 12 anos, o que torna ainda mais espantoso o fato de ter feito um teste para George Balanchine aos 15. Em um ano, ela fazia parte do New York City Ballet.

Os críticos a elegeram a melhor bailarina do século XX.

Campeão

Laçada

Rodeo

Coreografia original: Agnes de Mille
Música: Aaron Copland
Primeira apresentação: Nova York, Estados Unidos, 1942

Um balé com o nome de *Rodeo* [Rodeio] é engraçado, não é? Mas nada poderia ser mais americano. Eis a história.

É sábado à tarde, hora do rodeio semanal no rancho Burnt. Uma vaqueira traquinas se prepara para participar, mas os peões não querem deixar uma mulher competir.

A garota está secretamente apaixonada pelo chefe dos peões, mas ele nem liga para ela. Pelo contrário, flerta com as moças em vestidos de luxo que vêm assistir aos rodeios. A vaqueira, enciumada, vai embora e volta montada em um cavalo selvagem. Com certeza todos ficarão impressionados! Mas as moças riem da cena, e os homens a ignoram.

O chefe dos peões convida a filha do dono do rancho, que está lindamente vestida com fitas e laços, para o baile de sábado.

Durante o baile, a vaqueira fica sentada sozinha. Quando os homens vão escolher uma dama para dançar, passam reto por ela. Até que um laçador campeão senta a seu lado e lhe diz que, se ela quiser atrair a atenção dos peões, deve se vestir um pouco melhor. Ele tenta dar um jeito em sua aparência, mas, quando consegue, a vaqueira vê o chefe dos peões com a filha do fazendeiro e sai correndo aos prantos. O laçador a segue.

A garota resolve tentar algo novo e volta com um vestido vermelho vibrante. Dessa vez ela consegue atrair a atenção de todos os homens, entre eles, o chefe dos peões. Ele e o laçador brigam pela vaqueira, mas, no fim, ela resolve ficar com o segundo, que lhe demonstrou interesse mesmo quando ela usava calça.

> **Depois do sucesso de *Rodeo*, Richard Rodgers e Oscar Hammerstein convidaram Agnes de Mille para coreografar o novo musical da Broadway, *Oklahoma*. Ela se tornou uma das mais proeminentes coreógrafas dos Estados Unidos. Uma de suas ideias geniais foi colocar um *dream ballet* ou *story ballet* em seus musicais – número de dança que ajudava a revelar o que os personagens estavam pensando ou sentindo.**

Fancy free

Coreografia: Jerome Robbins
Música: Leonard Bernstein
Primeira apresentação: Nova York, Estados Unidos, 1944

Fancy free foi o primeiro balé criado por Jerome Robbins. Foi surpreendente por ser ambientado na época atual, não era um balé no estilo "era uma vez", e caiu nas graças do público instantaneamente.

A história é simples. Três marinheiros estão de folga em Nova York e veem uma linda mulher. Dois deles vão falar com ela. O terceiro, que não os acompanha, conhece outra moça. Ele narra algumas histórias de guerra para impressioná-la, e a tática parece funcionar – o marinheiro dança com a garota. Então seus dois amigos voltam com a primeira mulher.

> *Fancy free* inspirou um musical sobre marinheiros chamado *Um dia em Nova York*, que se tornou um filme famoso, estrelado por Gene Kelly e Frank Sinatra.

Agora há três homens e apenas duas mulheres, então os marinheiros decidem fazer um concurso de dança para impressionar as moças.

O concurso de dança acaba em briga. Os homens ficam tão envolvidos na disputa que nem percebem quando as moças vão embora.

Então, os três homens se levantam, tiram a poeira da roupa e juram nunca mais deixar uma mulher criar discórdia entre eles. Mas... logo depois eles veem outra linda mulher, e todos vão atrás dela!

Balé para Broadway

Fancy free foi o primeiro balé coreografado por Jerome Robbins, que mais tarde criaria grandes balés, musicais da Broadway e cenas de dança para filmes. Ele era filho de um homem pobre, dono de uma *delicatéssen*. Cresceu estudando todo tipo de dança, desde balé e dança moderna até dança espanhola. Usava todos esses estilos na criação de seus balés, inconfundivelmente americanos.

Robbins fez seu debute no Yiddish Art Theater, em 1937, e arrumou emprego em um *resort*, como artista musical, antes de trabalhar na Broadway. Quando *Fancy free* estreou, ele tinha apenas 25 anos. Todos queriam contratá-lo, mas Robbins preferiu o balé à Broadway. Admirava tanto Balanchine que entrou para o New York City Ballet só para trabalhar com o coreógrafo, embora tenha ficado mais conhecido por musicais como *Amor, sublime amor*. Ele codirigiu uma versão dessa história para o cinema e ganhou um Oscar. Criou também uma das coreografias mais famosas do cinema – a dança com garrafas, em *Um violinista no telhado* –, na qual homens dispostos em fila dançam com garrafas de vinho equilibradas na cabeça e não derramam nem uma gota.

Wallace Muro, dançarino que se apresentou em *Um violinista no telhado*, na Broadway, conta:

"Havia uma regra para a dança com garrafas. De vez em quando um dos dançarinos tinha de deixar a garrafa cair... Jerry Robbins queria que a cena causasse emoção. Ele sentia que a plateia precisava saber que aquelas garrafas não estavam ali grudadas – elas estavam realmente sendo equilibradas."

Circus polka

Coreografia: George Balanchine
Música: Igor Stravinsky
Primeira apresentação: Nova York, Estados Unidos, 1942

Quando você pensa em balé, qual é o primeiro animal que lhe vem à mente? Um cisne, talvez?

Que tal ELEFANTES?

Em 1942, o Barnum and Bailey Circus contratou George Balanchine para criar um dos balés mais inusitados da história. O *Circus polka* foi inteiramente apresentado por elefantes – elefantes de verdade!

Quando Balanchine assumiu a tarefa, imediatamente ligou para seu amigo Igor Stravinsky e lhe pediu que compusesse a música.

– Que tipo de música? – Stravinsky perguntou.

– Uma polca.

– Para quem?

– Para elefantes.

– Qual é a idade deles?

– São jovens.

– Se forem bem jovens, eu faço! – ele disse.

A estrela era uma "bailarina" chamada Modoc. Segundo a crítica: "Modoc, a elefanta, dançou com incrível graça e dentro do ritmo, e numa cadência perfeita no *finale* arrebatador".

O balé de elefantes foi apresentado 425 vezes – 419 vezes mais do que outro balé de Stravinsky sobre o qual você já leu, *A sagração da primavera*.

Em 1972, Jerome Robbins criou um novo balé circense para alunos de dança (humanos) e um animador adulto, usando a mesma música de Stravinsky.

Acredite se quiser: o *Circus polka* não foi o primeiro balé com animais no elenco. Um "balé de cavalos" fez parte da celebração do casamento de Luís XIII, rei da França. Vinte e um cavalos "dançaram" vestidos com figurinos feitos de penas.

Cinderela

Coreografia original: Rostislav Zakharov
Música: Sergei Prokofiev
Primeira apresentação: Moscou, Rússia, 1945

Aposto que você já conhece a história de *Cinderela*. Há centenas de anos, este é o conto de fadas mais popular, e há mais de duzentos anos balés têm sido coreografados com base nessa história. Este é o mais famoso deles.

Cinderela está sentada perto da lareira enquanto suas irmãs de criação, muito feias, aprontam-se para ir ao baile do príncipe. Será a festa mais requintada do reino, mas a pobre Cinderela não foi convidada. Quando uma estranha senhora idosa aparece à porta, as irmãs de criação são grosseiras com ela. A gentil Cinderela, porém, oferece-lhe um pouco de pão. Depois que as irmãs de criação vão para o baile, a senhora revela ser uma fada madrinha.

Com um toque da varinha de condão, a fada madrinha transforma uma abóbora em luxuosa carruagem e as roupas esfarrapadas de Cinderela em um lindo vestido de gala. Ela se despede de Cinderela – que sai para o baile –, mas avisa que o feitiço só durará até meia-noite.

Cinderela é a mulher mais encantadora do baile, e o príncipe se apaixona por ela.

Todo mundo conhece a história de *Cinderela*! Deve haver mais ou menos 1.500 versões diferentes da história em todo o mundo. Eis aqui como se diz Cinderela em alguns outros países. França: Cendrillon [çân-dri-iôn]; Alemanha: Aschenbrödel [a-chen-bro-del]; Rússia: Zolushka [zo-luch-ca].

Eles dançam juntos, mas, de repente, o relógio soa: é meia-noite. Cinderela foge com tanta pressa que deixa cair um dos sapatos.

O príncipe quer encontrar a linda moça do baile. Ele vai de casa em casa em busca da donzela cujo pé caiba no delicado sapatinho.

Quando ele chega à casa de Cinderela, as duas irmãs de criação ignoram a presença dela, e cada uma tenta forçar seu pé a caber no sapatinho. Sem sucesso, claro. Nesse momento, Cinderela dá um passo à frente. Um sapatinho escorrega de seu bolso, e o príncipe o reconhece imediatamente. É o par daquele que traz consigo! Ela e o príncipe se casam pouco depois e vivem felizes para sempre.

Feias de doer

Na Inglaterra e nos Estados Unidos, as irmãs de criação feias geralmente são interpretadas por homens vestidos de mulheres, para ficarem com uma aparência grotesca e cômica. **Na Rússia**, quem faz o papel são bailarinas, e apenas as atitudes são feias – os rostos não.

Dáfnis e Cloé

Coreografia: Frederick Ashton
Música: Maurice Ravel
Primeira apresentação: Londres, Inglaterra, 1951

Pã mágico

Você já deve ter visto imagens do deus grego conhecido como Pã. A mitologia conta que ele nasceu com pernas e chifres de cabra, e era pastor e protetor de todos os rebanhos. Ele tocava uma flauta que ele mesmo inventou, feita de cana, e (assim como no balé) era famoso por assustar pessoas, especialmente quando estavam em lugares desertos. De seu nome surgiu a palavra "pânico", e James Barrie com certeza pensou nele quando criou Peter Pan.

A história deste balé é mais ou menos assim: Dáfnis e Cloé vivem em uma ilha no mar Mediterrâneo. Dáfnis é um jovem pastor muito bonito. Ele e Cloé são amigos desde a infância e estão profundamente apaixonados.

Uma noite, enquanto Dáfnis está dormindo, um bando de piratas invade a ilha. Antes que ele possa fazer qualquer coisa, o líder dos piratas, Bryaxis, sequestra Cloé e a leva embora. Dáfnis reza para o deus Pã, rogando que ele traga Cloé de volta.

Na ilha dos piratas, Bryaxis força Cloé a dançar para ele. Ela implora para ser libertada, mas o pirata zomba dela. De repente um raio corisca no céu, e Pã, o deus com patas de cabra, aparece! Bryaxis treme de medo e ordena aos piratas que libertem Cloé.

Cloé volta aos braços de Dáfnis. Ele fica tão feliz em tê-la novamente que os dois se põem a dançar ao som da flauta mágica de Pã.

O mito de Dáfnis e Cloé foi usado num balé pela primeira vez em 1912, pelo Balé Russo, mas a versão britânica é a mais famosa.

OUÇA A FAIXA 18 DO CD.
Agora que você já sabe um pouco mais sobre Pã, você não acha que as flautas desta música lembram o deus assim que começam a tocar?

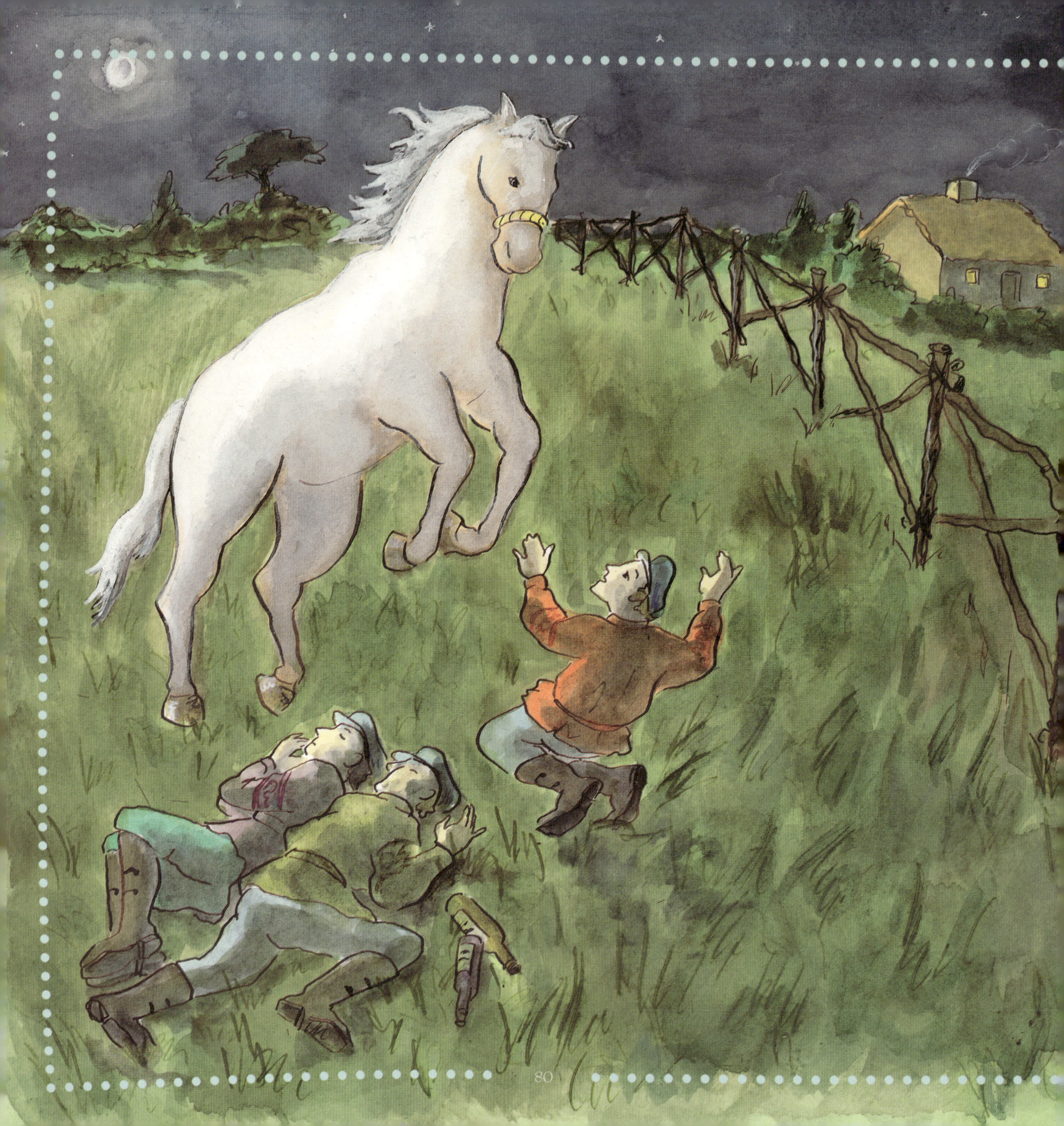

O cavalinho corcunda

Coreografia: Alexander Radunsky
Música: Rodion Shchedrin
Primeira apresentação: Moscou, Rússia, 1959

Este é um conto cômico e pitoresco sobre um menino russo chamado Ivan, que mora em uma fazenda com o pai e dois irmãos mais velhos. Seus irmãos o consideram um bobo e nunca o deixam participar de nada do que fazem. Mesmo assim, Ivan está sempre alegre e é gentil com eles.

Uma noite, o pai dos meninos manda os dois irmãos vigiarem a plantação, porque alguém está roubando milho. Em vez de se comportarem como guardas, eles bebem e pegam no sono.

Ivan os encontra no campo. Quando está colocando uma coberta sobre eles, vê um cavalo branco encantado cavalgando no céu. Ele agarra sua cauda, tentando capturá-lo. O cavalo implora que Ivan o deixe ir. Ivan o liberta e ganha do animal três cavalos de presente. Dois grandes, bonitos e dourados, e um pequeno e corcunda. O cavalo branco encantado explica que Ivan pode vender os cavalos grandes se quiser, mas deve ficar com o corcunda, pois ele será seu amigo para sempre.

> *Esse é um dos primeiros balés baseados em um conto popular russo e é também conhecido como* A donzela do czar.

Nesse momento, um brilhante pássaro de fogo voa e deixa cair uma pena. O cavalinho corcunda alerta Ivan para não pegá-la, pois traz má sorte, mas ele não lhe dá ouvidos. Enquanto Ivan tenta pegar a pena, seus irmãos acordam e roubam os dois corcéis. Eles levam os animais para um mercado em frente ao palácio do czar.

Os dois estão vendendo os cavalos para o czar quando Ivan os encontra. O czar está tendo dificuldade em controlar seus novos cavalos, mas Ivan os doma facilmente. O czar fica tão impressionado que faz de Ivan o chefe dos estábulos reais. O assistente do czar, o camareiro-mor, fica com muita inveja e decide se livrar de Ivan.

O camareiro acha a pena de Ivan no estábulo e mostra ao czar, imaginando que com isso ele ficará em maus lençóis. O que de fato acontece, mas não da maneira como o camareiro esperava. O czar fica fascinado pela pena. Ele a encosta em uma pintura de pássaros, e eles ganham vida. Ele a encosta no quadro de uma mulher, a Donzela Rainha, e ela também ganha vida – mas desaparece rapidamente.

O camareiro convence o czar de que somente Ivan pode encontrar a Donzela Rainha (achando que isso é impossível e que ele nunca voltará). O czar manda Ivan procurar a moça. Com a ajuda do cavalinho corcunda, ele encontra a Donzela Rainha. Eles dançam juntos e se apaixonam.

Quando o czar vê a moça do quadro, pede-a em casamento. Como ele é o czar, ela não pode dizer não. Mas pode adiar a cerimônia. A Donzela Rainha joga seu anel no oceano e diz que só se casará com ele quando o anel for encontrado. O czar chama a única pessoa capaz de desempenhar tarefas impossíveis – Ivan –, e mais uma vez ele e seu cavalo partem em viagem. Dessa vez, para o fundo do oceano, onde encontram peixes e seres mágicos da água, que os ajudam a encontrar a joia.

Ivan recupera o anel. A Donzela Rainha fica feliz em ver o rapaz, mas triste ao avistar o anel. Ela não quer se casar com o czar, e sim com Ivan! Então a Donzela Rainha diz ao czar que só se casará se ele conseguir rejuvenescer depois de pular em um pote gigante de leite fervente. O czar aceita, mas quer que Ivan tente primeiro. O cavalinho corcunda mais uma vez protege Ivan, que pula e se transforma em um lindo príncipe.

O czar imediatamente tira a capa e a coroa e pula no pote – mas a mágica do cavalinho não funciona para ele, que nunca mais sai de lá.

Ivan, a Donzela Rainha e o cavalinho corcunda vivem felizes para sempre.

> A inspiração para um balé pode surgir de qualquer coisa. *O cavalinho corcunda* foi inspirado em um poema infantil russo. Pode parecer uma história inocente, mas o poema foi proibido na Rússia por vinte anos no século XIX, porque ridicularizava o czar.

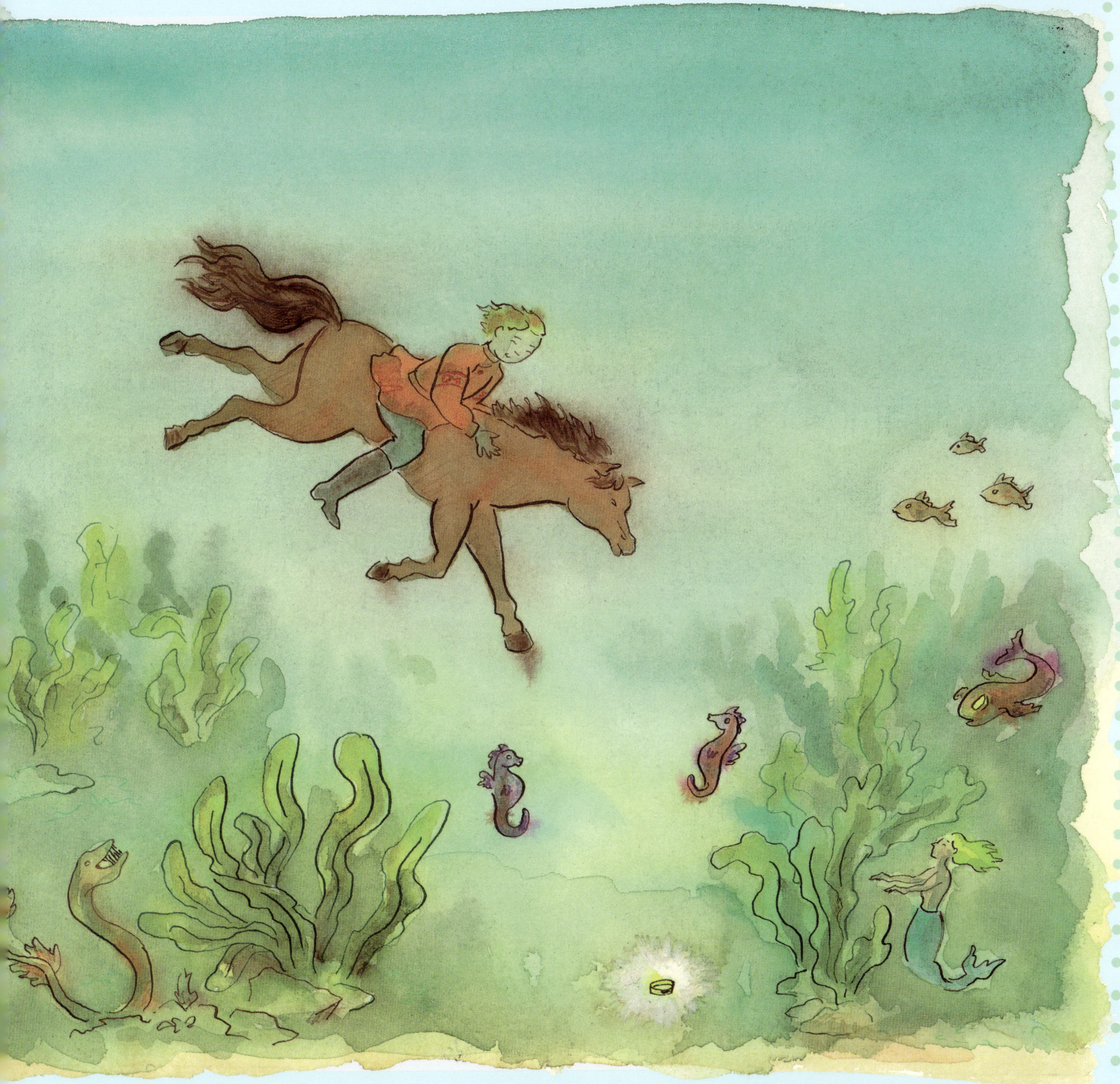

Sonho de uma noite de verão

Coreografia original: George Balanchine
Música: Felix Mendelssohn
Primeira apresentação: Nova York, Estados Unidos, 1962

Oberon, o rei das fadas, discute com sua rainha, Titânia, e resolve criar-lhe uma situação embaraçosa. Ele ordena que um duende chamado Puck encontre uma flor que tenha sido flechada por um cupido e a traga até ele. Enquanto Titânia está dormindo, Oberon respinga sobre ela o sumo mágico da flor, sabendo que isso fará com que a rainha, ao despertar, se apaixone pelo primeiro homem que aparecer à sua frente.

Em outro lugar do bosque, uma jovem chamada Helena está chorando porque ama Demétrio, mas não é correspondida. Oberon ordena que Puck use a mágica da flor em Demétrio, para que ele se apaixone por Helena. Nesse momento, porém, um outro jovem casal, Hérmia e Lisandro, caminha pela floresta. Puck confunde Demétrio com Lisandro e respinga o líquido neste. A primeira mulher que o rapaz vê é Helena — a moça errada —, por quem se apaixona loucamente. Quando Hérmia o encontra, ele não tem mais interesse algum nela. Por outro lado, Helena fica confusa... ela não ama Lisandro. Os amantes estão todos trocados!

Quando Puck percebe o que fez, tenta consertar as coisas usando a flor em Demétrio, que também acaba se apaixonando por Helena, e não por Hérmia, como o duende previra. Assim, os dois homens passam a lutar por Helena, e a pobre Hérmia continua sozinha.

Enquanto tudo isso acontece, um grupo de atores amadores passeia pela floresta. Oberon decide pregar uma peça ainda maior em Titânia. Ele faz com que Puck transforme o tecelão Bobina em um burro. Titânia, que está sob o efeito da mágica, acorda e acha Bobina a criatura mais linda da face da terra. Depois de se divertir bastante, Oberon retira o feitiço de Titânia e ela fica constrangida por ter acariciado um burro!

Agora Puck tem de tentar consertar o estrago que causou aos jovens casais no bosque. Ele manda os dois homens seguirem em direções opostas, e ambos se perdem, se cansam e caem no sono. Quando acordam, a história dos pares certos fica resolvida. No fim, eles decidem fazer um casamento duplo – com muita dança, é claro.

Você já leu sobre um balé baseado em uma peça de Shakespeare, Romeu e Julieta. *O compositor Felix Mendelssohn fez a música de outro espetáculo,* Sonho de uma noite de verão. *Anos depois, a música inspirou George Balanchine a criar um balé. O único problema era que as músicas eram poucas, então Balanchine acrescentou mais algumas, também de Mendelssohn.*

Uma noite em Atenas...

Puck

OUÇA A FAIXA 19 DO CD.
A música de Mendelssohn, usada como tema do casamento duplo de *Sonho de uma noite de verão*, é conhecida como marcha nupcial, uma das mais populares tocadas em casamentos até hoje. Provavelmente você já a ouviu em alguma cerimônia.

Oberon

Titânia

O tecelão Bobina

Helena

Demétrio

Hérmia

Lisandro

Elenco de estrelas do balé

GELO E FOGO

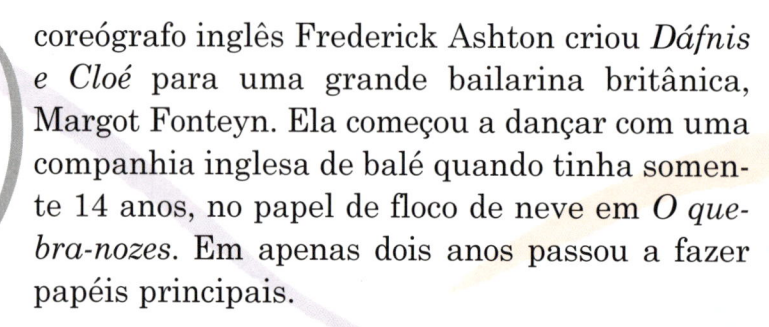

O coreógrafo inglês Frederick Ashton criou *Dáfnis e Cloé* para uma grande bailarina britânica, Margot Fonteyn. Ela começou a dançar com uma companhia inglesa de balé quando tinha somente 14 anos, no papel de floco de neve em *O quebra-nozes*. Em apenas dois anos passou a fazer papéis principais.

No início, Ashton e Fonteyn não se davam bem. Ele dizia que os pés dela eram muito moles, "como tabletes de manteiga". Ela o considerava severo e exigente demais. Felizmente, eles passaram a gostar um do outro e a se respeitar, e Ashton criou excelentes balés para ela.

Fonteyn era também famosa por fazer papéis em balés clássicos, entre eles, *A bela adormecida*. Em 1954, quando estava com 35 anos, foi agraciada pela monarquia britânica com o título de *Dame* [dama] Margot Fonteyn.

Em 1960, já na idade em que a maioria das bailarinas está prestes a se aposentar, ela começou a fazer par com um jovem que era sensação no mundo da dança, Rudolf Nureiev. Eles eram completamente diferentes. Ela era 19 anos mais velha, clássica e tranquila. Ele era atlético, ardente e temperamental. Mesmo assim, sabe-se lá por que, a parceria funcionou.

Fonteyn continuou dançando até ter mais de cinquenta anos, uma carreira inacreditavelmente longa para uma bailarina. Ela chegou a dançar no papel da jovem Julieta, de apenas 14 anos, quando tinha 46!

As plateias ficavam lotadas para ver Fonteyn e Nureiev. Em uma apresentação de O lago dos cisnes *na Áustria, eles bateram o recorde de chamadas ao palco (para os aplausos) em um balé: 89!*

Rudolf Nureiev foi um dos bailarinos mais espetaculares do século XX. A sua história de vida prova que não é necessário ser rico nem viver em uma grande cidade para ser bem-sucedido na carreira.

Ele nasceu em 1938, em um trem em movimento, em algum lugar da Sibéria. Rudolf e sua família viviam em um apartamento minúsculo, que compartilhavam com outra família, e, muitas vezes, não tinham nada além de batatas cozidas para comer.

Em 1945, ele e suas irmãs, mesmo sem ingressos, conseguiram assistir aos espetáculos *Ópera de Bachkíria* e *Teatro de Balé*, e Rudolf soube naquele momento o que queria fazer da vida. Ele aprendeu o básico do balé em sua cidade natal. Mas, dançar em uma grande companhia russa de balé ainda era um sonho distante. As boas escolas de balé ficavam em Leningrado e Moscou, a milhares de quilômetros dali.

Quando Rudolf conseguiu chegar a Leningrado, estava com 17 anos. A maioria dos alunos estava terminando o curso naquela idade, e não começando.

– Meu jovem – disse um dos professores –, ou você se tornará um bailarino brilhante ou será um fracasso total. É mais provável que fracasse.

Ele conseguiu estudar com um dos professores mais famosos da escola e, três anos depois, foi contratado pelo Balé Kirov. Passados mais três anos, numa temporada em Paris, em turnê, Rudolf "desertou", ou seja, não retornou para a antiga União Soviética. Ele queria morar em um lugar onde tivesse mais oportunidades como artista e como pessoa. Mudou-se de vez para Paris e logo se tornou um dos bailarinos mais famosos do mundo. Ele também coreografou alguns balés, assim como versões próprias de *Dom Quixote* e *Romeu e Julieta*.

Rudolf Nureiev fez uma participação em *The Muppet show*. **Ele cantou em dueto com miss Piggy e dançou** O lago dos suínos **(é isso mesmo: suínos, e não cisnes) com um porco gigante!**

CAVALEIRO DO BALÉ

O balé britânico mal existia quando Frederick Ashton era menino. Ele cresceu no Peru, América do Sul, onde pôde ver a linda bailarina Anna Pavlova. Ficou fascinado por ela e pelo balé em geral. Já na adolescência, nos anos 1920, foi para Londres quase sem dinheiro e com o sonho de se tornar um bailarino. Acabou se tornando um dos grandes coreógrafos do século e ajudou a consolidar o balé na Inglaterra.

Nos Estados Unidos, coreógrafos como George Balanchine estavam deixando de lado balés que contavam histórias, mas Ashton e outros coreógrafos ingleses criaram muitas outras novas no balé. Ashton fez até mesmo um filme de balé baseado nos contos de Beatrix Potter, no qual os bailarinos, com máscaras realistas, faziam os papéis de diferentes animais em suas histórias.

"Ashton usa a dança de tal maneira que ela parece ser a única forma de comunicação natural", escreveu Margot Fonteyn, que estrelou alguns dos mais magníficos balés de Ashton. "Seus movimentos muitas vezes são mais expressivos do que palavras."

Ashton recebeu o título de cavaleiro da monarquia britânica em 1962, por isso é conhecido como Sir Frederick Ashton.

O pintor que amava o balé

Você já viu um lindo quadro de bailarinas se aquecendo e amarrando suas sapatilhas, ou a estátua de uma bailarina pequenina? Com certeza quem os criou foi um artista chamado Edgar Degas. Ele tinha fascínio por balé e passava horas a fio assistindo-os e visitando os bastidores. Degas se tornou um dos artistas mais importantes do século XIX. Quando as pessoas viram pela primeira vez a sua mais famosa escultura, *A pequena bailarina de 14 anos*, odiaram! Ela era feita de cera, com roupas de tecido e cabelos de verdade! Era tão parecida com uma menina de verdade que todos ficaram assustados – aquilo não parecia arte para eles. Degas a escondeu, mas, após sua morte, a estátua foi moldada em bronze e exibida em museus de todo o mundo.

ESTRELA DO BALÉ

Se você souber apenas o nome de um bailarino, é provável que seja o de Mikhail Baryshnikov. Ele nasceu em 1948 em Riga, na Letônia, parte da União Soviética na época.

Quando Baryshnikov iniciou-se na dança, aos 15 anos, muitas pessoas pensaram, assim como ocorreu com Nureiev, que ele era velho demais. Também o achavam muito baixo (1,68 metro) e com aparência por demais juvenil para papéis importantes. Mas ele era tão talentoso que logo mudou a opinião das pessoas. Entrou para o Balé Kirov e ganhou papéis solo imediatamente. A maior parte dos dançarinos tem de ficar algum tempo em papéis secundários, mas não Baryshnikov.

Ele gozava de muito sucesso, embora, na União Soviética da época, os dançarinos tivessem de se limitar aos tipos de dança permitidos. Ele queria explorar tudo, do balé clássico à dança moderna e à Broadway. Então, durante uma turnê pelo Canadá, acabou ficando por lá, abandonando seu país. Passou a integrar o National Ballet of Canada e, mais tarde, naturalizou-se norte-americano e trabalhou no American Ballet Theater e no New York City Ballet.

Foi a primeira estrela do balé norte-americano, famoso por seus saltos estonteantes e execuções originais de passos clássicos. Até mesmo quem não sabe nada de balé já ouviu seu nome. Ele fez muitos filmes, entre eles, *Momento de decisão* e *O sol da meia-noite*. O famoso bailarino tem até mesmo uma linha de roupas de dança e um perfume chamado... Baryshnikov!

Sapatilhas verde-amarelas

Muita gente, quando pensa em grandes bailarinas e bailarinos, vai logo imaginando alguém que nasceu na Rússia, na Inglaterra, na França ou nos Estados Unidos. É verdade que esses lugares têm tradição no balé clássico. Mas um dos grandes nomes da dança mundial nos dias de hoje é brasileiro, natural de Manaus. Ele se chama Marcelo Gomes, nasceu em 1979 e atua como primeiro bailarino do American Ballet Theater de Nova York (Estados Unidos).

Marcelo Gomes, que estuda balé desde os sete anos e descobriu o gosto pela dança ao decorar e reproduzir a coreografia de balé da irmã, não é o único brasileiro de destaque na atualidade. Há uma geração de grandes bailarinos, como Thiago Soares, Roberta Marquez, Vitor Luiz e Priscilla Yokoi.

Natural de Niterói, Thiago Soares (1982) é o primeiro bailarino do Royal Ballet, de Londres, na Inglaterra. Dançou *O quebra-nozes* em palcos como o Teatro Municipal do Rio e o Opera House na capital britânica. Também destaque no Royal, Roberta Marques, carioca nascida em 1977, ocupou o mesmo posto no Teatro Municipal do Rio de Janeiro. Ela chegou provisoriamente ao Royal em 2003 e no ano seguinte era a primeira bailarina contratada.

Outro artista com passagem pelo Royal Ballet é o mineiro Vitor Luiz (1982), que aos 17 anos foi estudar na escola da companhia. Desde 2009, é primeiro bailarino do San Francisco Ballet, na cidade de São Francisco (Estados Unidos). Já a paulistana

Priscilla Yokoi (1983), tida como uma das revelações do balé clássico ganhou diversos prêmios internacionais, dentre eles a medalha de ouro na 19ª edição do Concorso Internazionale de Danza di Cittá di Rieti, na Itália, ocorrido em 2004.

Mas, antes dessa nova safra, duas grandes estrelas brasileiras já haviam conquistado os palcos internacionais e ajudado a divulgar o balé em nosso país. São elas: Márcia Haydée e Ana Botafogo. Márcia Haydée nasceu em Niterói em 1937 e começou a dançar bem pequena – aos três anos de idade. Aos 16, foi estudar no Royal Ballet School e aos vinte, começou a dançar profissionalmente. Em 1961, conheceu o coreógrafo John Cranko, então diretor do Ballet de Stuttgart (Alemanha). Nesta companhia, Márcia Haydée tornou-se primeira solista.

Durante um longo período, Márcia dedicou-se a direção de importantes companhias de dança. Em 1999, ela voltou a dançar na peça *Tristão e Isolda* e, em 2002, Márcia representou Madre Teresa de Calcutá na obra *Mère Teresa e les enfants du monde* (Madre Teresa e os filhos do mundo), com a companhia do coreógrafo Maurice Béjart.

A carioca Ana Botafogo construiu uma sólida carreira como primeira bailarina do Teatro Municipal do Rio de Janeiro, cargo que ocupa desde 1981. Nascida em 1957, Ana Botafogo foi artista convidada de grandes companhias internacionais como Saddler's Wells Royal Ballet (Inglaterra), Ballet Nacional de Cuba (Cuba) e Ballet del Opera di Roma (Itália). Também dançou ao lado de grandes nomes do balé mundial como Fernando Bujones, Julio Bocca, David Wall e Desmond Kelly.

Aquele brilho especial

Os dançarinos passam muito tempo treinando para posicionar os quadris para fora, os dedos dos pés nas sapatilhas de ponta e os braços na posição correta. Mas, além de todas essas habilidades, as verdadeiras estrelas de balé também precisam ter um pouco de magia.

Certa vez, um estudante de balé de nove anos perguntou ao bailarino russo Valery Lantratov o que era mais importante na dança: os braços ou as pernas.

– Nenhum dos dois – ele respondeu. – O mais importante é a cabeça; a cabeça e os ouvidos, porque a dança é, acima de tudo, uma coisa mental.

La fille mal gardée   *La sylphide*   *Copélia*

A cabeça sinaliza para os ouvidos que eles devem ouvir a música. Os ouvidos mandam o sinal para os braços e as pernas, indicando como devem se mover. E então os olhos, naturalmente, por terem o brilho próprio de bailarinos, iluminam-se com a centelha característica que o aprendizado provoca.

Agora você sabe um pouco mais sobre balé – sobre os bailarinos famosos, coreógrafos e compositores, e sobre as histórias às quais eles dão vida no palco. Você aprendeu alguns passos e escutou algumas músicas de balé. Agora você pode imaginar como é ser grande bailarino e como é poder assistir a um maravilhoso balé.

A bela adormecida   *Dom Quixote*   *Cinderela*   *Pedro e o lobo*   *Dáfnis e Cloé*

Glossário

À la seconde/ de coté: ao lado
À terre: no chão, na terra
Bas: baixo
Battement: batimento, passo de dança
Bras: braço
Changer: trocar
Changement: salto brusco, mudança, alteração
Changement de pieds: troca de pés
Chasser: caçar/ *Chassé:* caçado
Close: fechar (em inglês)
Croiser: cruzar/ *Cróise:* cruzado
Couper: cortar/ *Coupé:* cortado
Dégager: destacar/ *Dégagé:* destacado, esticado
Demi: meio, metade
Demi-point: meia-ponta
Derrière: atrás
Devant: na frente
Développer: desenvolver/ *Développé:* desenvolvido
Échapper: escapar
Élever: elevar
Emboîter: encaixar/ *Emboîté:* encaixado
En arrière: para trás
En avant: para frente
En dedans: para dentro
En dehors: para fora
En face: de frente
En l'air: no ar
Fermer: fechar/ *Fermé:* fechado

Flex: flexionar (em inglês)
Fondre: fundir/ *Fondu:* fundido, derretido
Fouetter: açoitar/ *Fouetté:* açoitado
Frapper: bater/ *Frappé:* batido
Galop: galope
Gliser/ Jeter: atirar, arremessar, laçar
Glissé/ Jeté: atirado, arremessado, lançado
Grand: grande
Hop: pular
Jambe: perna
Lier: ligar/ *Lié:* ligado
Ouvert: aberto
Pas: passo (em francês)
Pas de chat: passo de gato
Pas de cheval: passo de cavalo
Pas de gavotte: passo de gaivota
Pas de valse: passo de valsa
Petit: pequeno
Pied plat: pé chato, pé no chão
Pirouette: giro, pirueta
Plier: flexionar/ *Plié:* flexão das pernas
Pointe: ponta
Port de bras: movimento de braços
Relever: levantar/ *Relevé:* levantado
Révérence: agradecimento
Rond: roda, volta
Run: correr (em inglês)
Sauter: saltar
Souplesse: inclinação do corpo, suavidade, flexibilidade

Step: passo (em inglês)
Temps: tempo
Tendre: tendu/ *Tendu:* esticado
Walk: andar (em inglês)

Alguns números

Un: um
Deux: dois
Trois: três
Quatre: quatro
Cinq: cinco
Six: seis
Sept: sete

Lista de músicas do CD

Faixa 1 — *Ballet des bacchanales* (Michael Praetrius)
Faixa 2 — *3 Gnossiennes: Lent* (Erik Satie)
Faixa 3 — *Entrée de Giselle*, de *Giselle* (Adolphe Adam)
Faixa 4 — *Mazurka*, de *Copélia* (Léo Delibes)
Faixa 5 — *Musique des automates*, de *Copélia* (Léo Delibes)
Faixa 6 — *Sabre dance*, de *Gayane* (Aram Khachaturian)
Faixa 7 — *Kitri enters*, de *Dom Quixote* (Leon Minkus)
Faixa 8 — *By a lake*, de *O lago dos cisnes* (Pyotr Ilych Tchaikovsky)
Faixa 9 — *In the castle of prince Siegfried*, de *O lago dos cisnes* (Pyotr Ilych Tchaikovsky)
Faixa 10 — *Le chat botte et la chatte blanche*, de *A bela adormecida* (Pyotr Ilych Tchaikovsky)
Faixa 11 — *L'oiseau bleu et la princesse Florine*, de *A bela adormecida* (Pyotr Ilych Tchaikovsky)
Faixa 12 — *Divertissement (Chinese variation)*, de *O quebra-nozes* (Pyotr Ilych Tchaikovsky)
Faixa 13 — *Divertissement (Sugar Plum Fairy)*, de *O quebra-nozes* (Pyotr Ilych Tchaikovsky)
Faixa 14 — *Swan*, de *O carnaval dos animais* (Camille Saint-Saëns)
Faixa 15 — *Variation de l'oiseau de feu*, de *O pássaro de fogo* (Igor Stravinsky)
Faixa 16 — *Le sacrifice*, de *A sagração da primavera* (Igor Stravinsky)
Faixa 17 — *The cat*, de *Pedro e o lobo* (Sergei Prokofiev)
Faixa 18 — *Lever du jour*, de *Dáfnis e Cloé* (Maurice Ravel)
Faixa 19 — *Wedding march*, de *Sonho de uma noite de verão* (Felix Mendelssohn)

A autora

Laura Lee trabalhou como relações públicas de uma companhia internacional de balé e é presidente da Double V Promotions, companhia de produção e promoção das artes, que atualmente realiza programas educacionais e apresentações em parceria com a Fundação do Balé Nacional Russo. Ela é autora de 11 livros sobre assuntos que vão de poesia e história da arquitetura a Elvis Presley.

A ilustradora

Meredith Hamilton realizou projetos de desenho e pintura para muitas empresas, entre elas, Visa International, W. W. Norton e Doubleday. Além disso, ilustrou *Céu noturno*, *Meio ambiente*, *Mitologia*, *Mundo* e *Orquestra* – todos da coleção "Uma introdução para crianças", publicados pela Panda Books. Atualmente, ela vive com seus dois filhos e o marido no Brooklyn, em Nova York.

Fátima Mesquita

Ana Tomia
Um passeio divertido pelo corpo humano

Ilustrações **Fábio Sgroi**

Parte integrante da obra Ana Tomia – Um passeio divertido pelo corpo humano. Não pode ser vendido separadamente. © Panda Books

SISTEMA TEGUMENTAR

Pele

SISTEMA ESQUELÉTICO

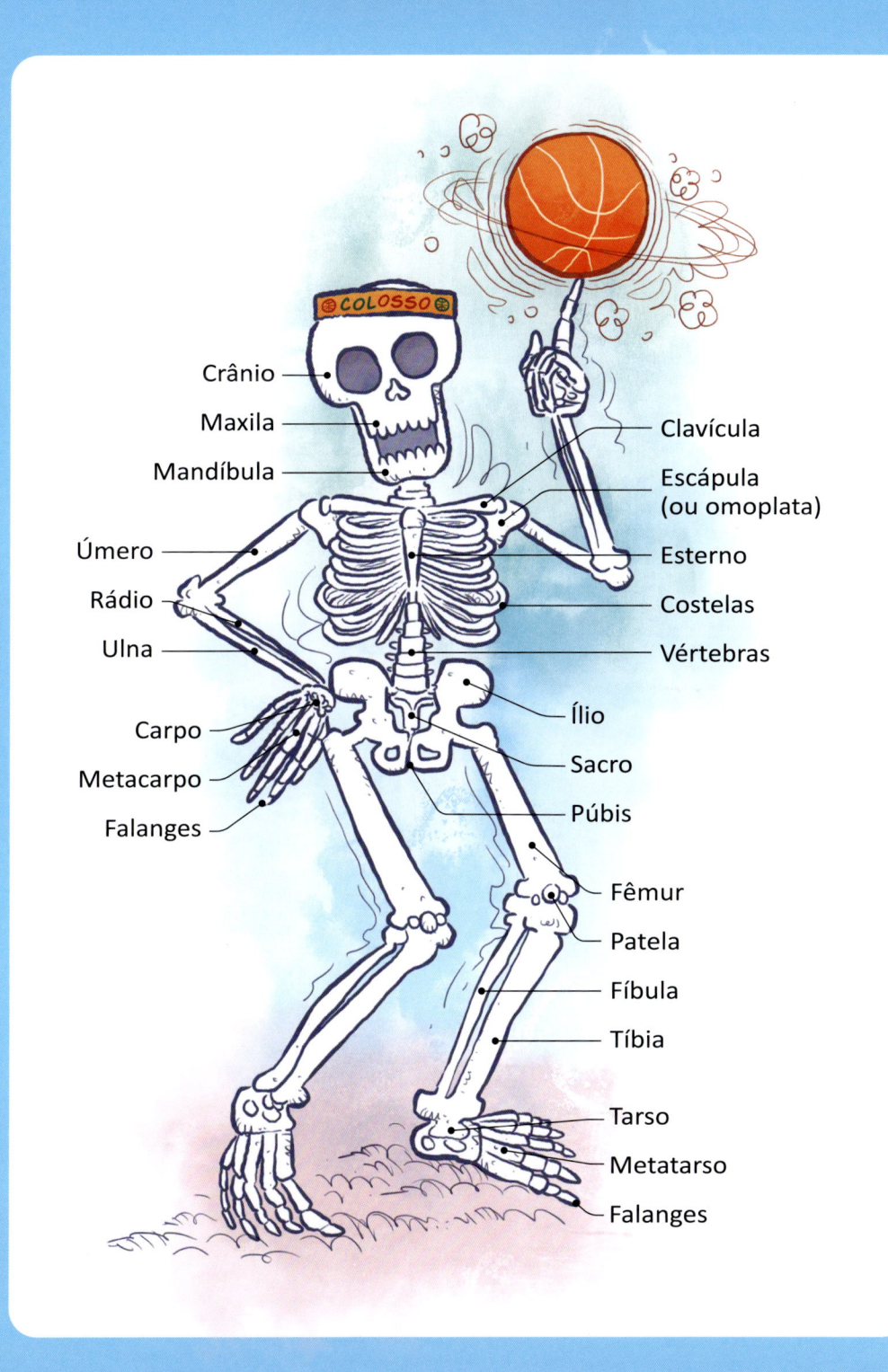

- Crânio
- Maxila
- Mandíbula
- Úmero
- Rádio
- Ulna
- Carpo
- Metacarpo
- Falanges
- Clavícula
- Escápula (ou omoplata)
- Esterno
- Costelas
- Vértebras
- Ílio
- Sacro
- Púbis
- Fêmur
- Patela
- Fíbula
- Tíbia
- Tarso
- Metatarso
- Falanges

SISTEMA REPRODUTIVO

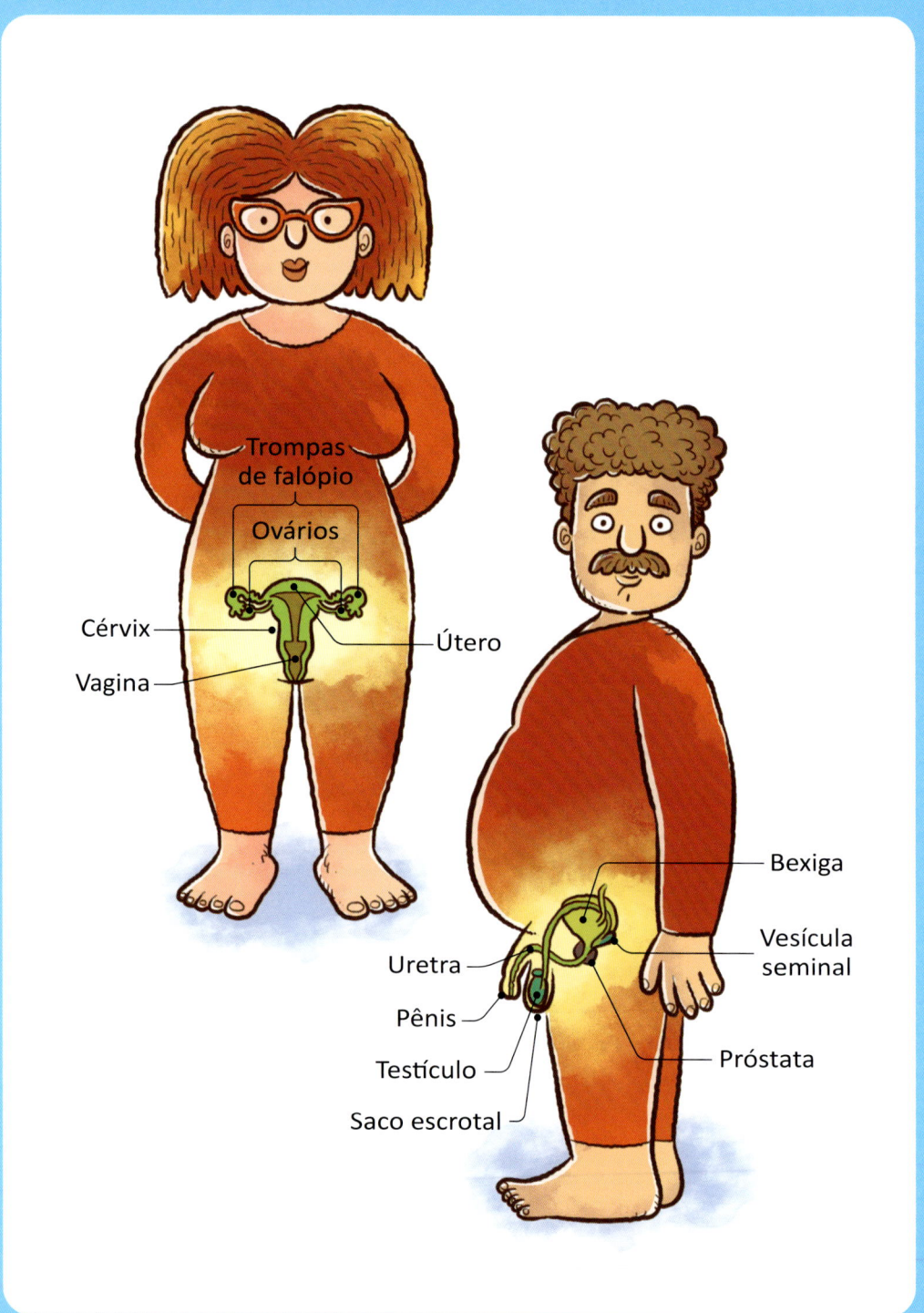

Trompas de falópio
Ovários
Cérvix
Vagina
Útero

Bexiga
Vesícula seminal
Uretra
Pênis
Próstata
Testículo
Saco escrotal

SISTEMA ENDÓCRINO

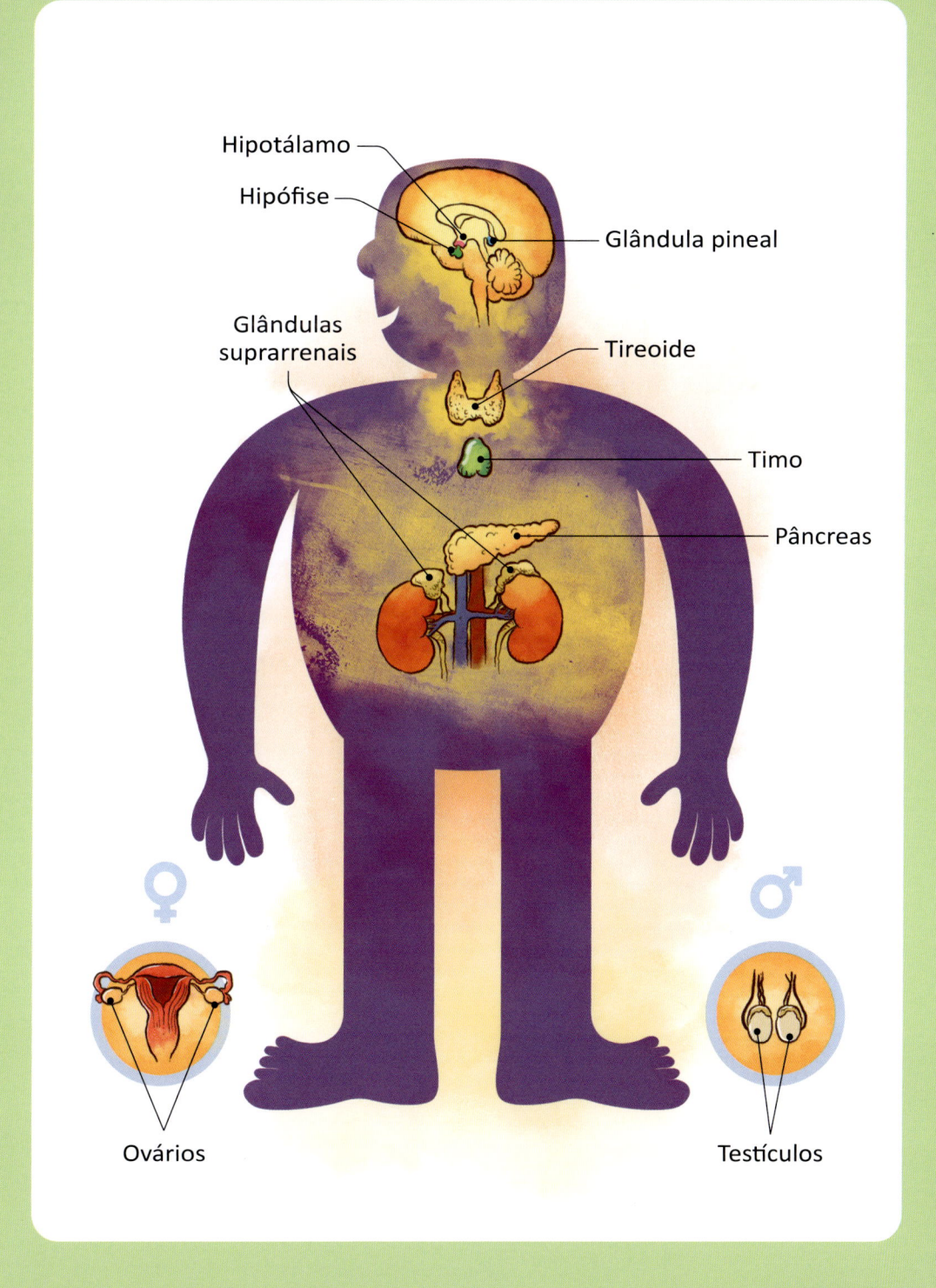

- Hipotálamo
- Hipófise
- Glândula pineal
- Glândulas suprarrenais
- Tireoide
- Timo
- Pâncreas
- Ovários
- Testículos

SISTEMA MUSCULAR

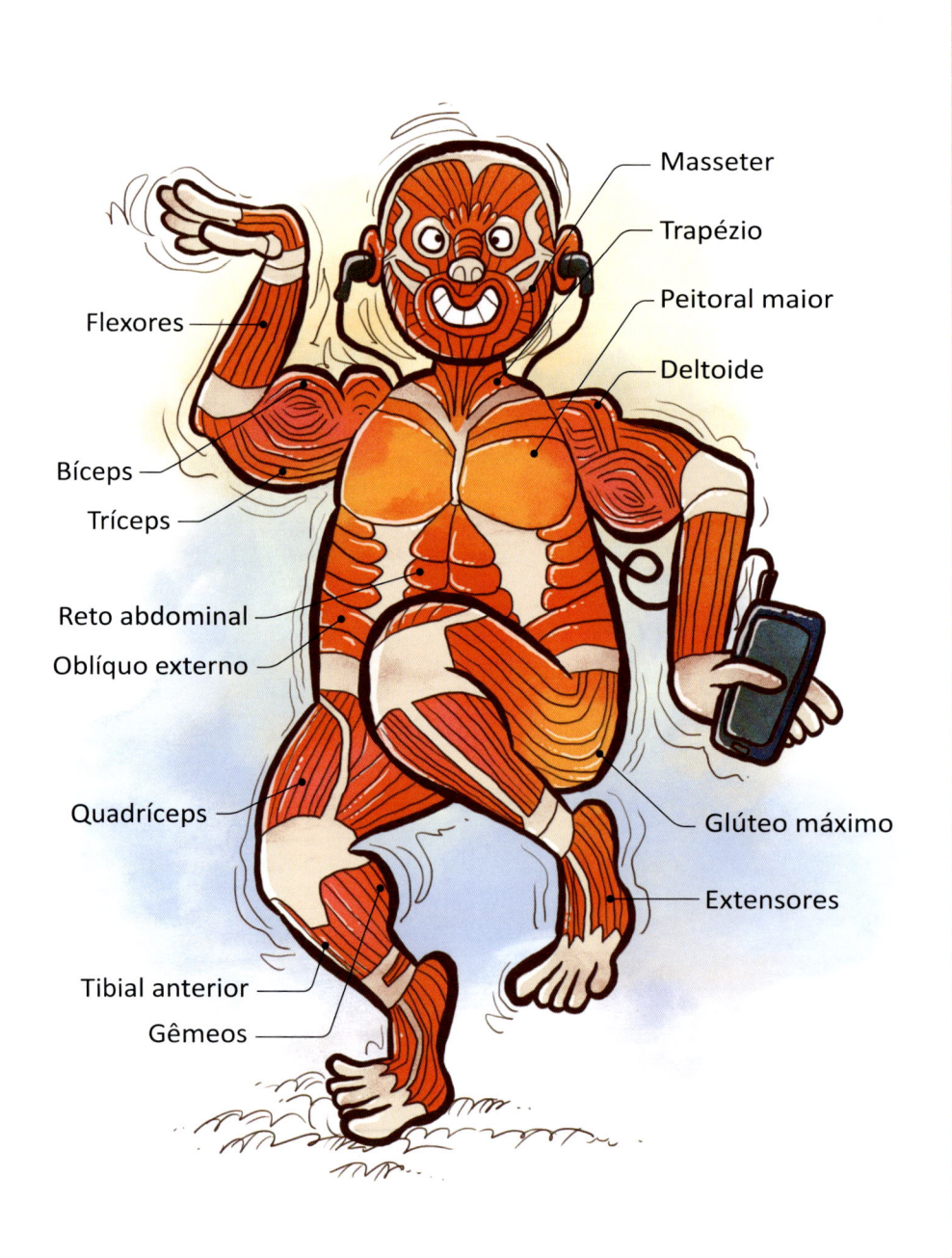

- Masseter
- Trapézio
- Peitoral maior
- Deltoide
- Flexores
- Bíceps
- Tríceps
- Reto abdominal
- Oblíquo externo
- Quadríceps
- Glúteo máximo
- Extensores
- Tibial anterior
- Gêmeos

SISTEMA RESPIRATÓRIO

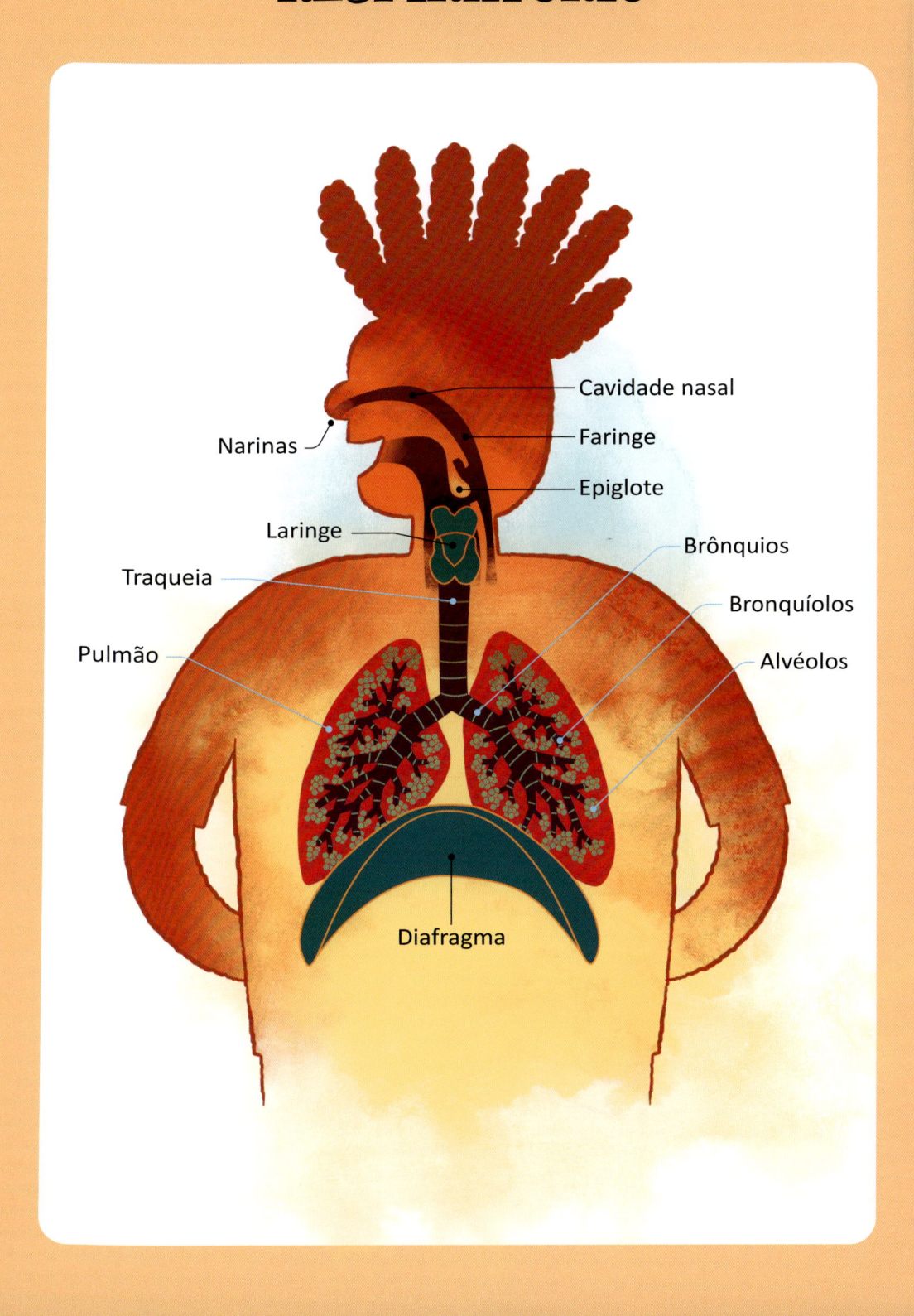

- Narinas
- Cavidade nasal
- Faringe
- Epiglote
- Laringe
- Traqueia
- Brônquios
- Bronquíolos
- Pulmão
- Alvéolos
- Diafragma

SISTEMA IMUNE

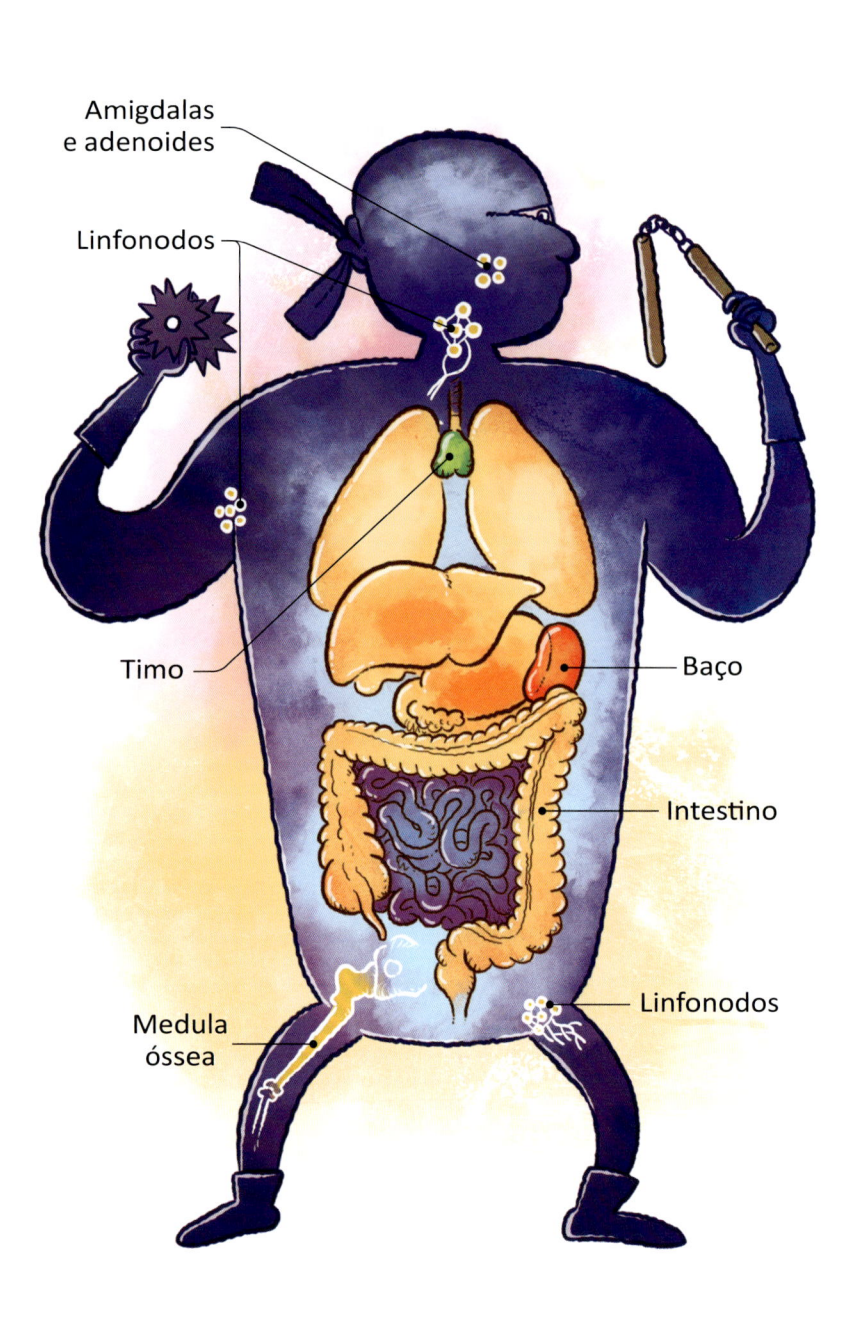

- Amigdalas e adenoides
- Linfonodos
- Timo
- Baço
- Intestino
- Linfonodos
- Medula óssea

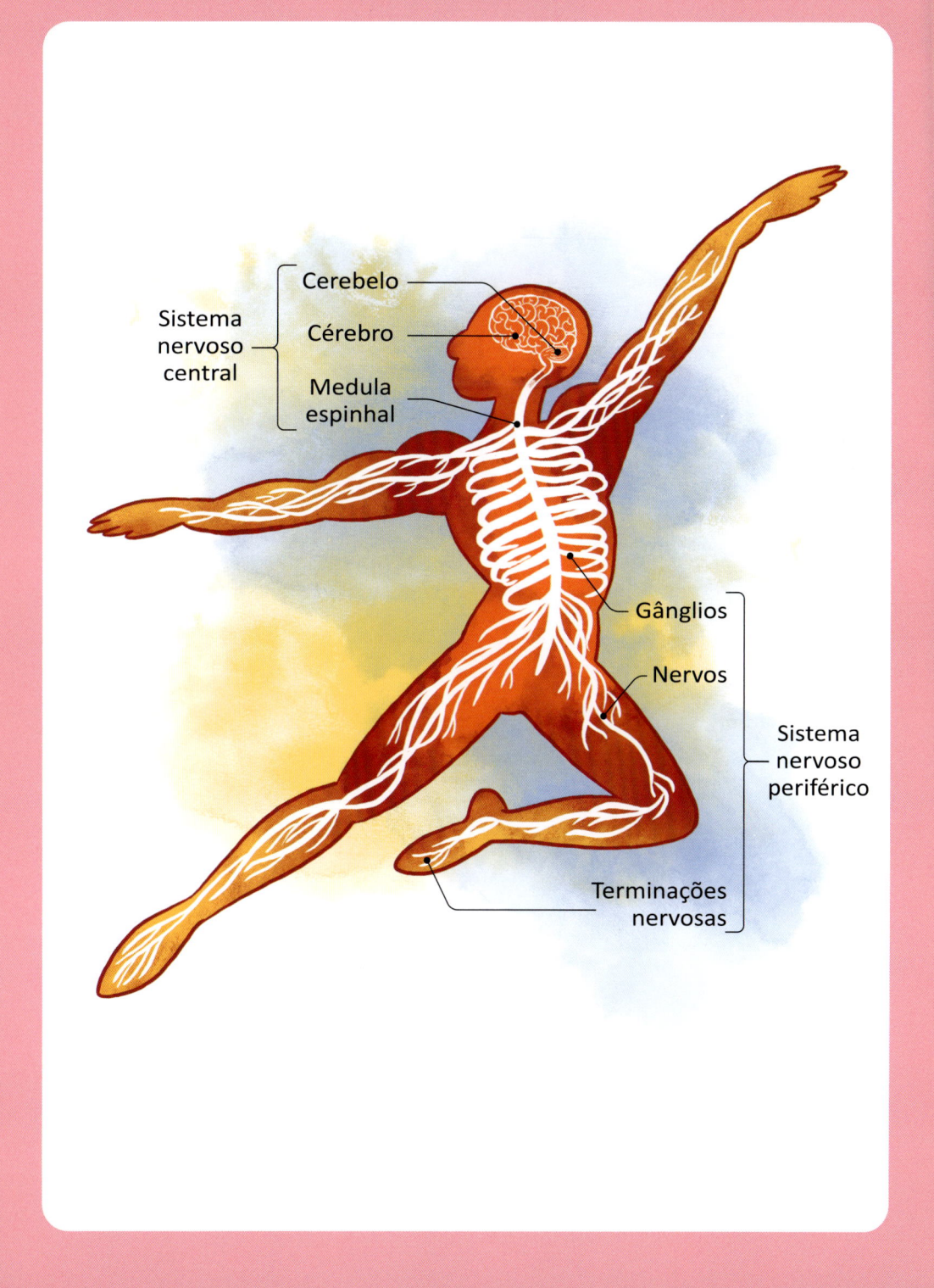

SISTEMA NERVOSO

Sistema nervoso central
- Cerebelo
- Cérebro
- Medula espinhal

Sistema nervoso periférico
- Gânglios
- Nervos
- Terminações nervosas

SISTEMA CARDIOVASCULAR

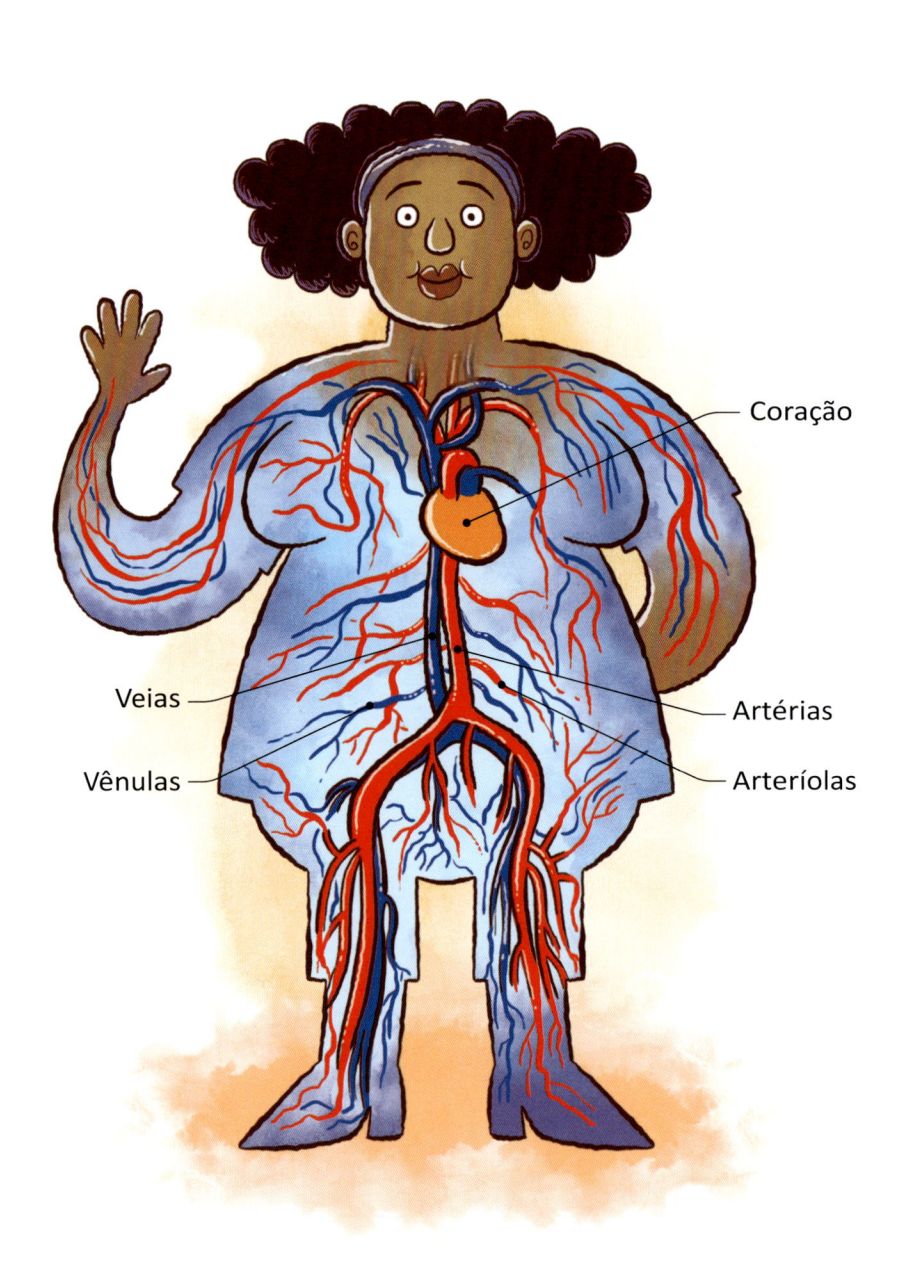

- Coração
- Veias
- Vênulas
- Artérias
- Arteríolas

SISTEMA DIGESTÓRIO/EXCRETÓRIO

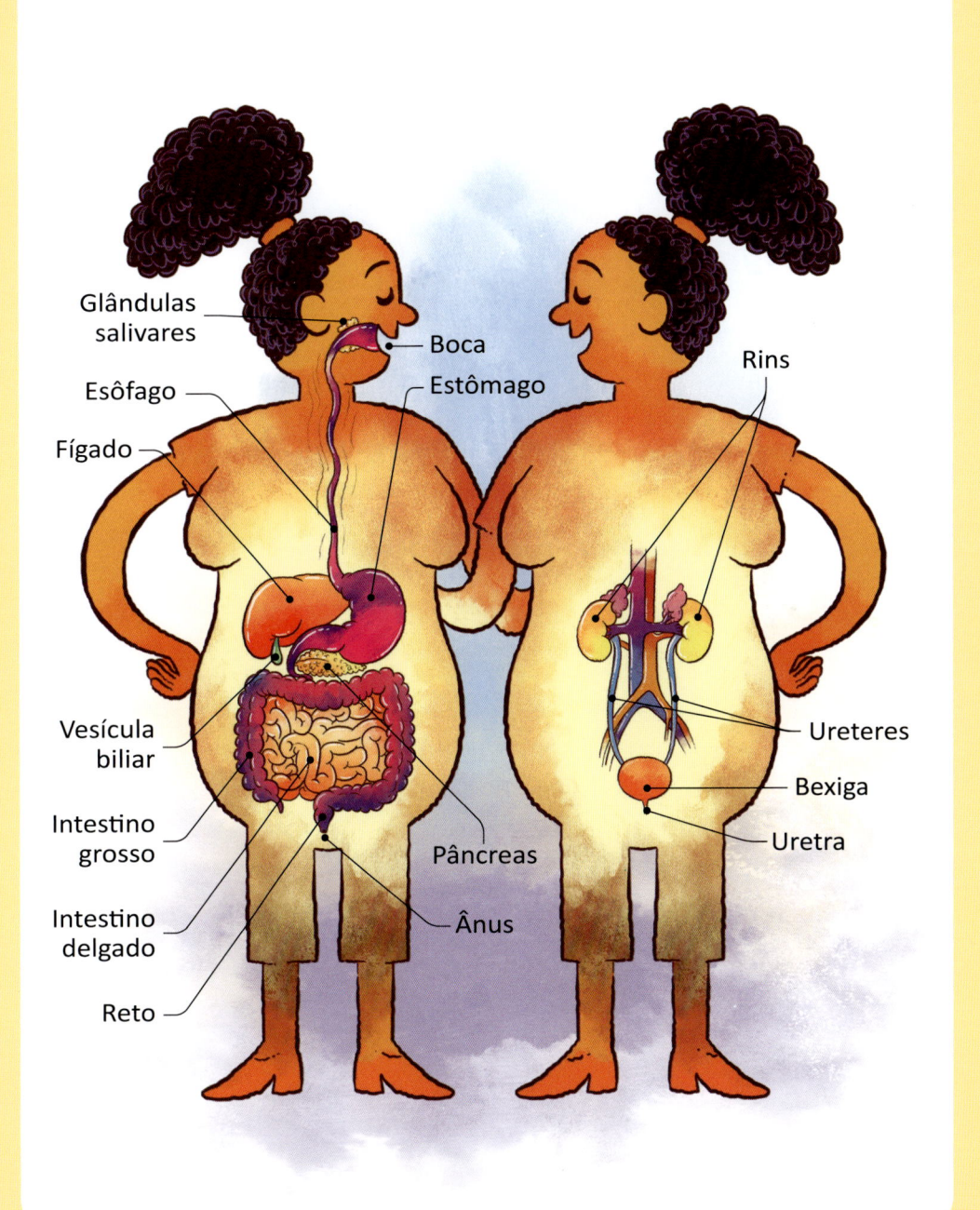

- Glândulas salivares
- Boca
- Esôfago
- Estômago
- Fígado
- Vesícula biliar
- Intestino grosso
- Intestino delgado
- Reto
- Pâncreas
- Ânus
- Rins
- Ureteres
- Bexiga
- Uretra

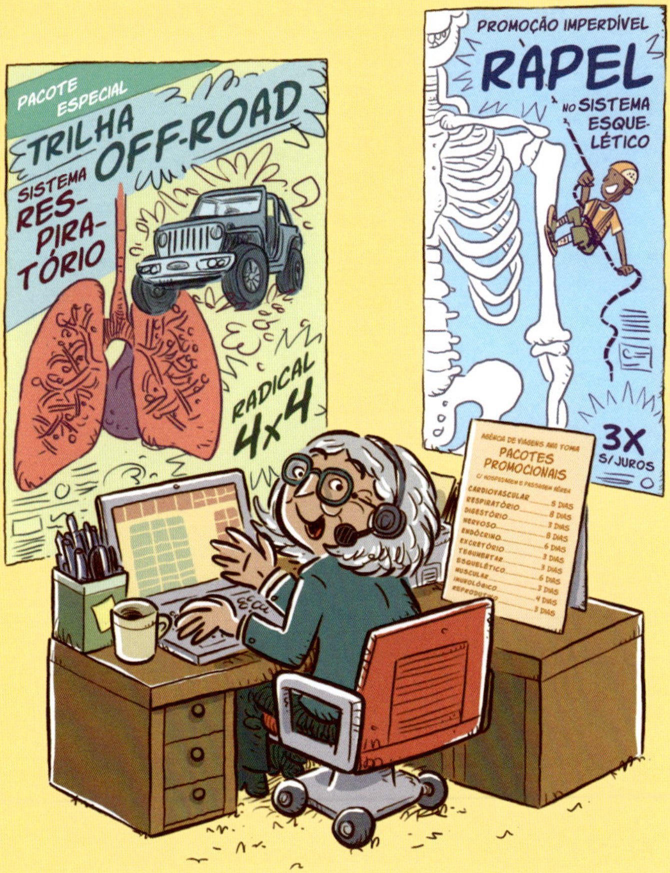
PACOTE ESPECIAL
TRILHA OFF-ROAD
SISTEMA RES-PIRA-TÓRIO
RADICAL 4x4
PROMOÇÃO IMPERDÍVEL
RAPEL
NO SISTEMA ESQUE-LÉTICO
3X S/JUROS
PACOTES PROMOCIONAIS